Impressum
Verlag: BABADADA GmbH, Nedderfeld 112 , 22529 Hamburg
Geschäftsführer / Verlagsleitung: Harald Hof
Druck: Books on Demand GmbH, In de Tarpen 42, 22848 Norderstedt

Imprint
Publisher: BABADADA GmbH, Nedderfeld 112 , 22529 Hamburg, Germany
Managing Director / Publishing direction: Harald Hof
Print: Books on Demand GmbH, In de Tarpen 42, 22848 Norderstedt

chikoro
koulu

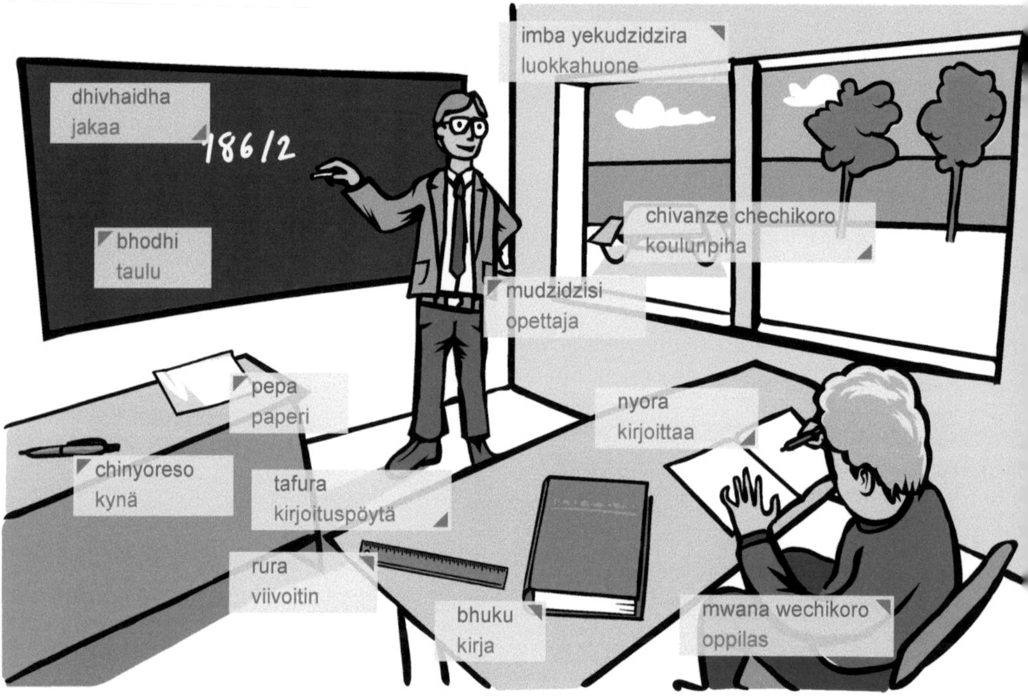
imba yekudzidzira
luokkahuone
dhivhaidha
jakaa
186/2
bhodhi
taulu
chivanze chechikoro
koulunpiha
mudzidzisi
opettaja
pepa
paperi
nyora
kirjoittaa
chinyoreso
kynä
tafura
kirjoituspöytä
rura
viivoitin
bhuku
kirja
mwana wechikoro
oppilas

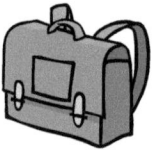

bhegi

reppu

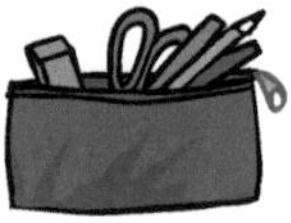

chekuchengetera mapenzura

penaali

penzura

lyijykynä

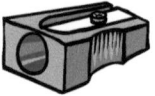

chekurodzesa mapenzura

kynänteroitin

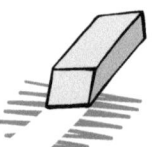

rabha

pyyhekumi

bhuku rekudhirowera mifananidzo

piirustuslehtiö

mufananidzo
wakadhirowewa
piirustus

bhurasho rekupendesa
pensseli

bhokisi rependi
vesivärit

chigero
sakset

guruu
liima

bhuku rekunyorera
harjoituskirja

basa rinoitirwa kumba
kotitehtävä

nhamba
luku

sanganisa
lisätä

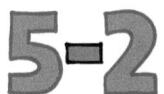

bvisa
vähentää

wanziridza
kertoa

kakureta
laskea

bhii
kirjain

arufabheti
aakkoset

shoko
sana

mashoko

teksti

kuverenga

lukea

choko

liitu

chidzidzo

oppitunti

bhuku remazita

opettajan muistikirja

bvunzo

koe

setifiketi

todistus

yunifomu yekuchikoro

koulupuku

dzidzo

koulutus

encyclopedia

sanakirja

yunivhesiti

yliopisto

maikorosikopu

mikroskooppi

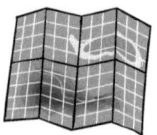

mepu

kartta

bhini remapepa

roskakori

rwendo
matka

hotera
hotelli
Grand
mahostera
retkeilymaja
ROOMS
EXCHANGE
panochinjwa mari
rahanvaihto
sutukesi
matkalaukku
mota
auto

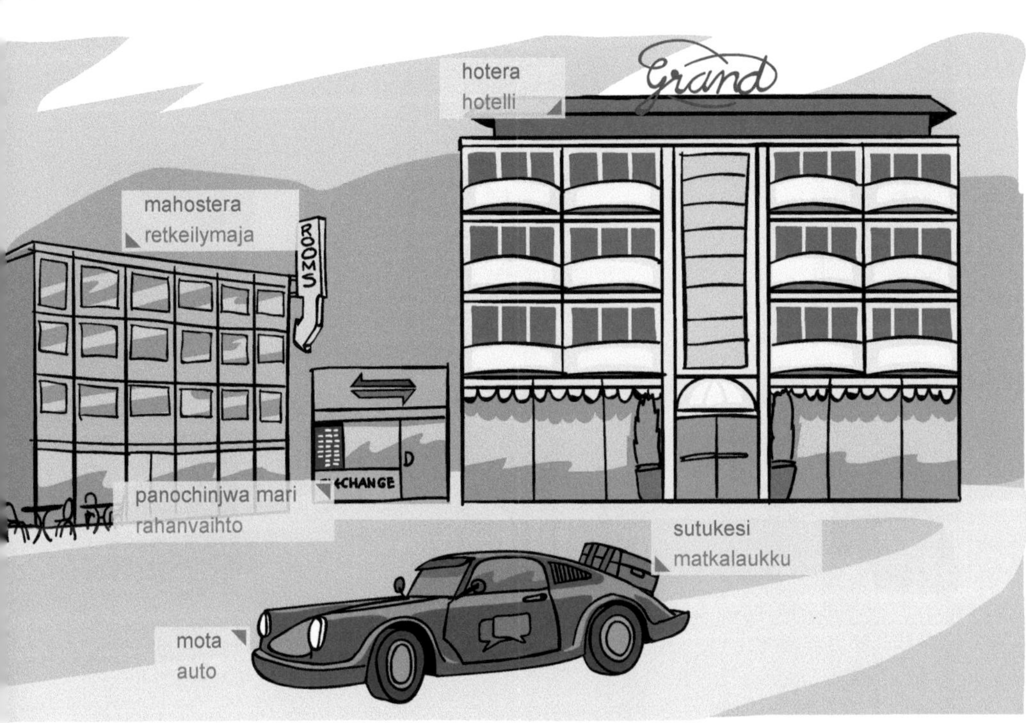

mutauro

kieli

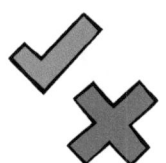

hongu / kwete

kyllä / ei

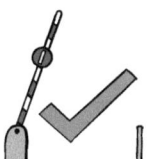

Zvakanaka

selvä

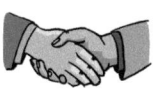

hesi

hei

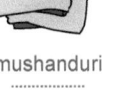

mushanduri

tulkki

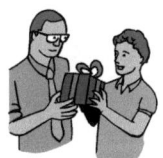

Mazvita

kiitos

Imarii... ?

Paljonko...maksaa?

Handisi kunzwisisa

en ymmärrä

dambudziko

ongelma

Manheru!

Hyvää iltaa!

Mangwanani!

Hyvää huomenta!

Murare zvakanaka

Hyvää yötä!

toonana

näkemiin

mafambiro

suunta

katundu

matkatavarat

bhegi

laukku

bhegi rekumusana

reppu

muenzi

vieras

imba

huone

bhegi rekurarira

makuupussi

tendi

teltta

mashoko evafambi
turisti-info

mahombekombe
ranta

kadhi rekubhengi
luottokortti

kudya kwemangwanani
aamupala

kudya kwemasikati
lounas

kudya kwemanheru
päivällinen

tiketi
matkalippu

chikwidzo
hissi

chitambi
postimerkki

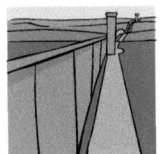

muganhu
raja

vanoona nezvekupinda
munyika
tulli

vamiririri venyika
suurlähetystö

vhiza
viisumi

pasipoti
passi

zvifambiso
kuljetus

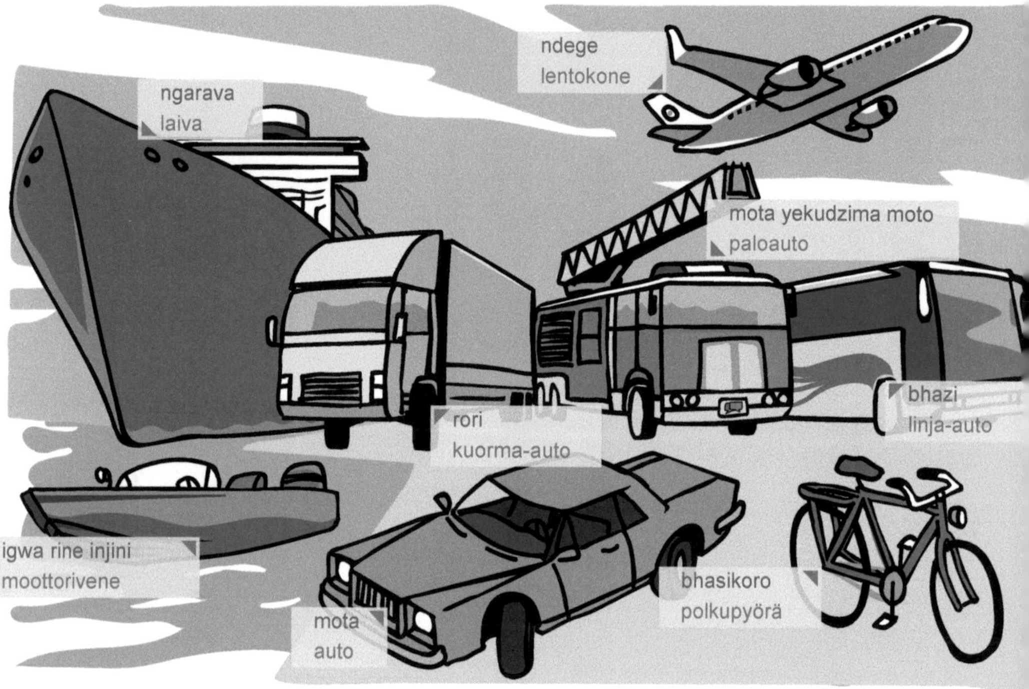
ndege
lentokone
ngarava
laiva
mota yekudzima moto
paloauto
rori
kuorma-auto
bhazi
linja-auto
igwa rine injini
moottorivene
bhasikoro
polkupyörä
mota
auto

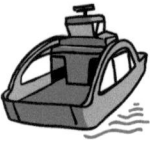

igwa
lautta

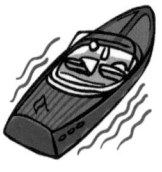

igwa
vene

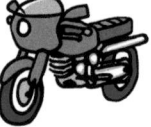

mudhudhudhu
moottoripyörä

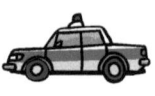

mota yemapurisa
poliisiauto

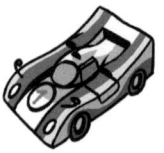

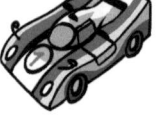

mota yemujaho
kilpa-auto

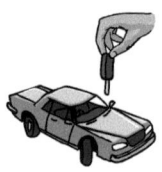

mota yekuhaya
vuokra-auto

kuhaya mota

car sharing

mota inodhonza dzinenge dzafa

hinausauto

mota yemabhini

roska-auto

injini

moottori

mafuta

polttoaine

garaji remafuta

huoltoasema

chikwangwani chemumugwagwa

liikennemerkki

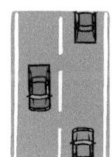

mota

liikenne

mota dzakawandisa

ruuhka

panopakwa mota

parkkipaikka

chiteshi chezvitima

rautatieasema

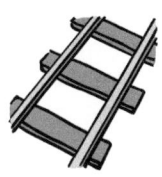

njanji

raiteet

chitima

juna

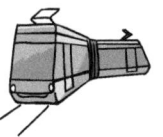

tram

raitiovaunu

chitima

vaunu

chikopokopo

helikopteri

nhandare yendege

lentokenttä

nharire

lähilennonjohto

mufambi

matkustaja

chikondena

kontti

kadhibhodhi bhokisi

pahvilaatikko

ngoro

kärryt

bhasiketi

kori

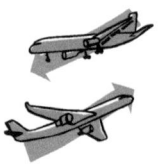

simuka / mhara

nousta / laskea

guta
kaupunki

musha

kylä

pakati peguta

keskusta

imba

talo

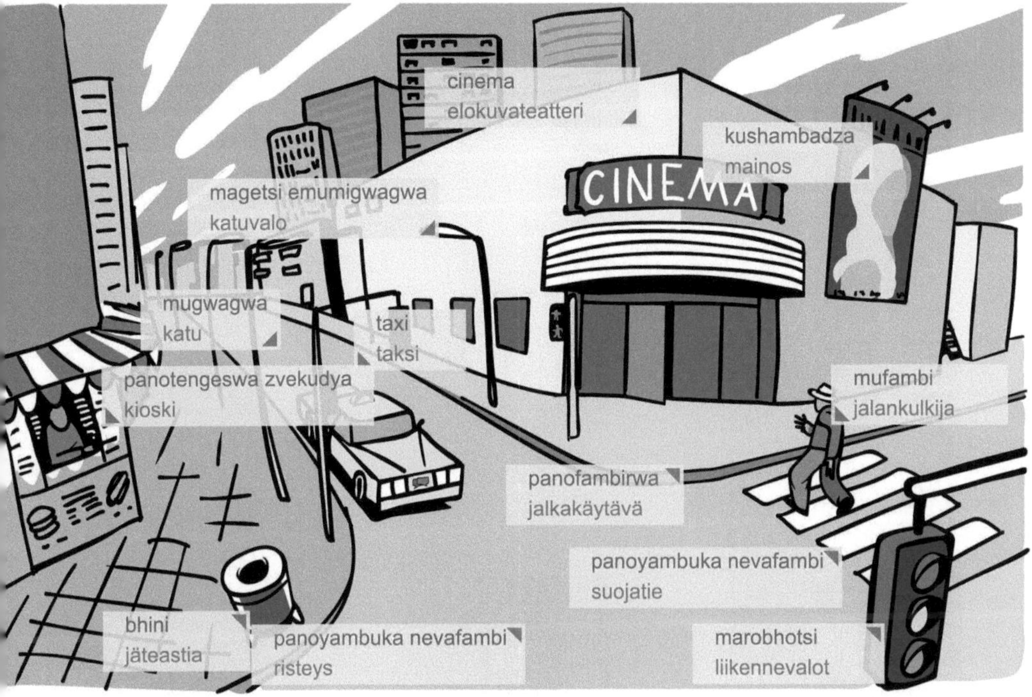
CINEMA
cinema
elokuvateatteri
kushambadza
mainos
magetsi emumigwagwa
katuvalo
mugwagwa
katu
taxi
taksi
panotengeswa zvekudya
kioski
mufambi
jalankulkija
panofambirwa
jalkakäytävä
panoyambuka nevafambi
suojatie
bhini
jäteastia
panoyambuka nevafambi
risteys
marobhotsi
liikennevalot

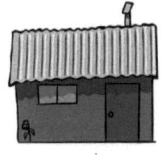

imba

mökki

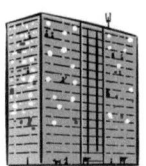

mafurati

kerrostalo

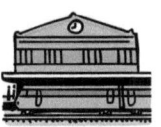

chiteshi chezvitima

rautatieasema

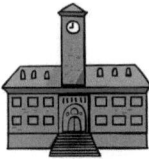

imba yeguta

kaupungintalo

MUSEUM

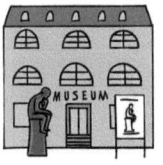

muziyamu

museo

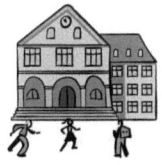

chikoro

koulu

yunivhesiti

yliopisto

bhengi

pankki

chipatara

sairaala

hotera

hotelli

panotengeswa mishonga

apteekki

hofisi

toimisto

chitoro chemabhuku

kirjakauppa

chitoro

liike

panotengeswa maruva

kukkakauppa

supamaketi

supermarketti

musika

tori

chitoro chine
madhipatimendi

tavaratalo

panotengeswa hove

kalakauppias

nzimbo ine zvitoro

ostoskeskus

chiteshi chengarava

satama

paki
puisto

bhenji
penkki

bhiriji
silta

masitepisi
portaat

nzira inoenda nepasi
metro

mugwagwa wepasi
tunneli

panokwirirwa mabhazi
linja-autopysäkki

bhawa
baari

resitorendi
ravintola

bhokisi retsamba
postilaatikko

chikwangwani
chemugwagwa
katukyltti

mita yekupaka
parkkimittari

munochengeterwa mhuka
eläintarha

kunotuhwinirwa
uimala

mosque
moskeija

purazi
maatila

kusvibisa
ympäristön saastuminen

kumakuva
hautausmaa

chechi
kirkko

pekutambira
leikkikenttä

temberi
temppeli

mamiriro akaita nzvimbo
maisema

shizha
lehti

chikwangwani
tienviitta

nzira
tie

mafuro
niitty

dombo
kivi

mufambi
retkeilijä

muti
puu

rwizi
joki

uswa
ruoho

ruva
kukka

mupata
laakso

gomo
vuori

dhamu
järvi

sango
metsä

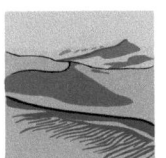

gwenga
aavikko

chikwatamabwe
tulivuori

zimba
linna

muraraungu
sateenkaari

hohwa
sieni

muchindwe
palmu

umhutu
hyttynen

nhunzi
kärpänen

svosve
muurahainen

nyuchi
mehiläinen

buve
hämähäkki

chipembenene

kovakuoriainen

datya

sammakko

tsindi

orava

nungu

siili

tsuro

jänis

zizi

pöllö

shiri

lintu

swan

joutsen

nguruve yemusango

villisika

nondo

peura

moose

hirvi

dhamu

pato

injini yemhepo

tuulimylly

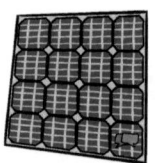

panero rezuva

aurinkopaneeli

mamiriro ekunze

ilmasto

resitorendi
ravintola

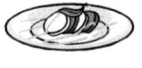

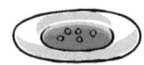

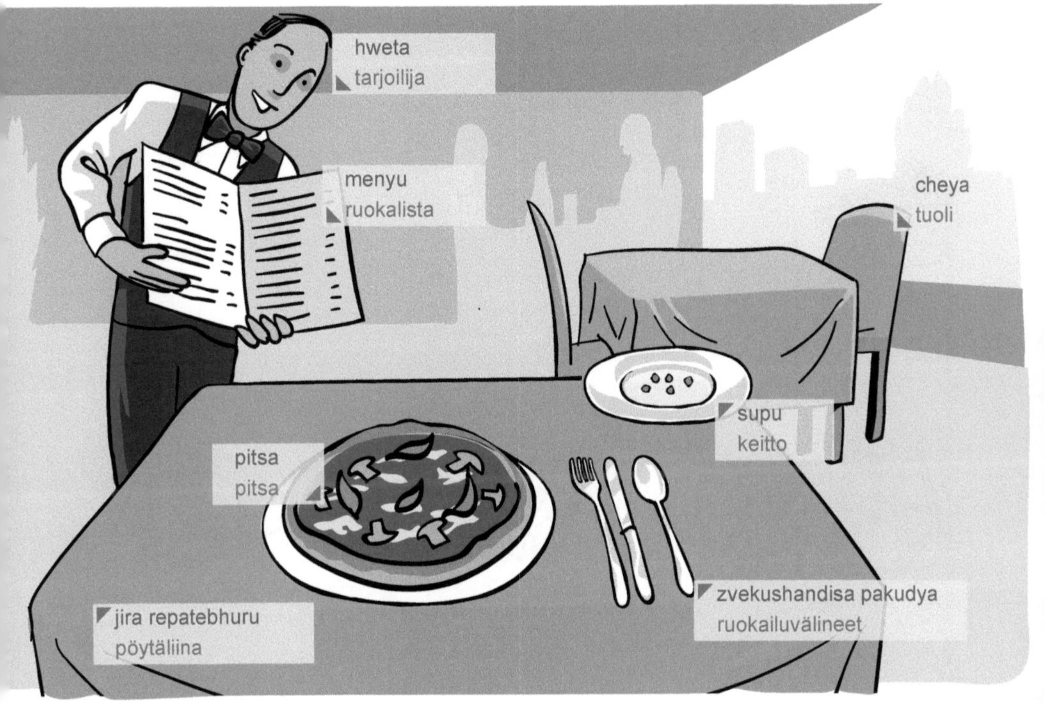
hweta
tarjoilija
menyu
ruokalista
cheya
tuoli
supu
keitto
pitsa
pitsa
jira repatebhuru
pöytäliina
zvekushandisa pakudya
ruokailuvälineet

zvekusosa nzara

alkuruoka

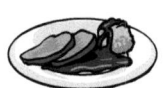

zvekudya

pääruoka

zvekuseredzera

jälkiruoka

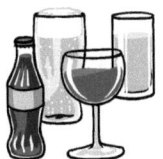

zvekunwa

juomat

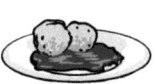

zvekudya

ruoka

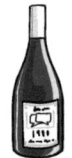

bhodhoro

pullo

zvekudya zvisingatori nguva
kubika
....
pikaruoka

chikafu chinotengeswa
munzira
....
katuruoka

tipoti
....
teekannu

gabha reshuga
....
sokeriastia

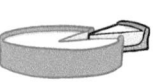

chidimbu
....
annos

muchina wekofi
....
espressokeitin

cheya yemwana
....
syöttötuoli

bhiri
....
lasku

tureyi
....
tarjotin

banga
....
veitsi

forogo
....
haarukka

chipunu
....
lusikka

chipunu
....
teelusikka

zvekupukutisa muromo
....
servietti

girazi
....
lasi

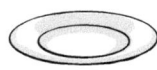

ndiro

lautanen

ndiro yesupu

syvä lautanen

ndiro

aluslautanen

supu

kastike

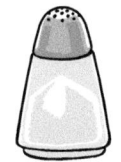

chekuisira sauti

suolasirotin

chekugaya mhiripiri

pippurimylly

vhiniga

etikka

mafuta

öljy

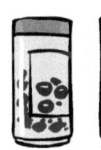

masipaisi

mausteet

ketchup

ketsuppi

mustard

sinappi

mayonaizi

majoneesi

supamaketi
supermarketti

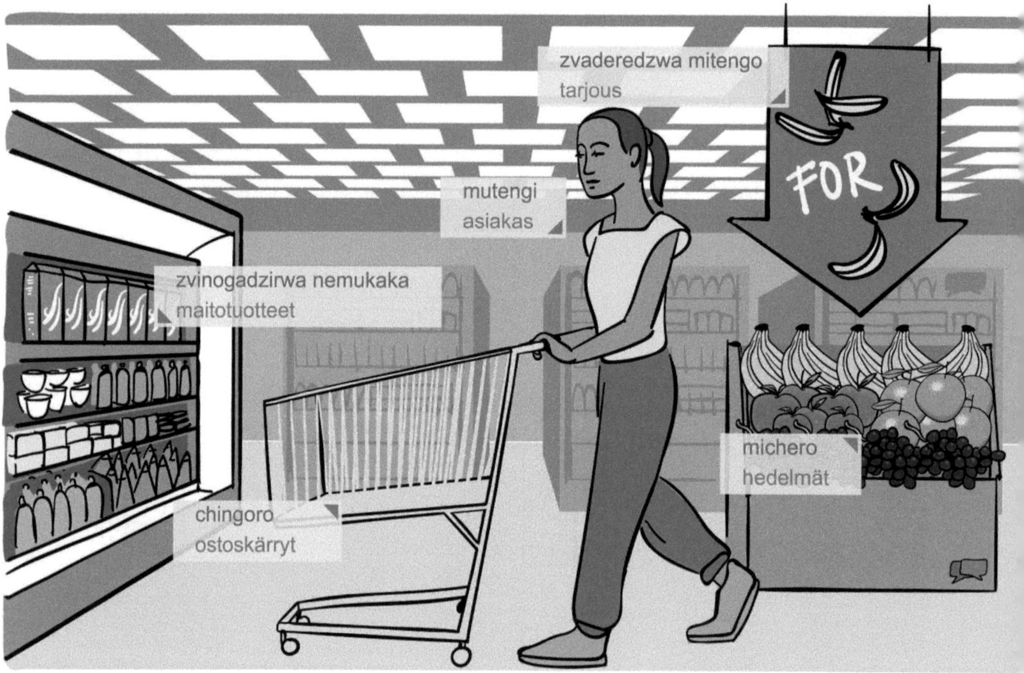

zvaderedzwa mitengo
tarjous
FOR
mutengi
asiakas
zvinogadzirwa nemukaka
maitotuotteet
michero
hedelmät
chingoro
ostoskärryt

BUTCHERS

panotengeswa nyama

teurastamo

BAKERY

panotengeswa chingwa

leipomo

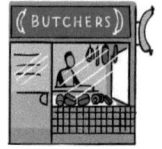

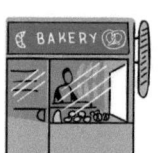

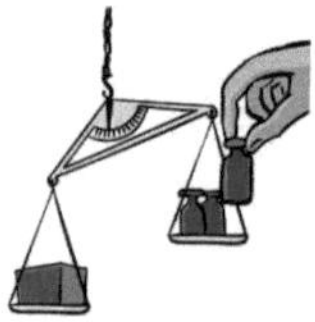

kuyera

punnita

miriwo

kasvikset

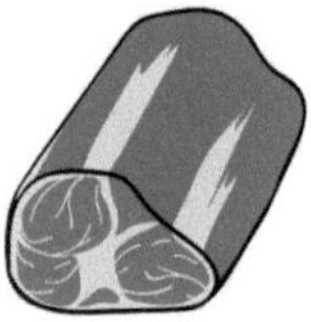

nyama

liha

zvekudya zvakaoma nechando

pakasteet

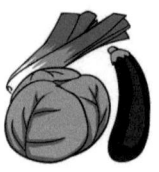

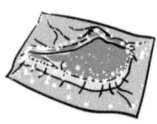

nyama yakatonhora

leikkele

zvekudya zvemugaba

säilykkeet

sipo yeupfu yekuwachisa

pesujauhe

masuwiti

makeiset

zvekushandisa mumba

kotitaloustarvikkeet

zvekuchenesa nazvo

puhdistusaineet

mutengesi

myyjä

tiru

kassa

mutengesi

kassanhoitaja

zviri kuda kutengwa

ostoslista

nguva dzekuvhura

aukioloajat

chikwama

lompakko

kadhi rekubhengi

luottokortti

bhegi

kassi

pepa rekuisira

muovipussi

mvura

vesi

muto wemichero

mehu

mukaka

maito

coke

kokis

waini

viini

doro

olut

doro

alkoholi

cocoa

kaakao

tii

tee

kofi

kahvi

kofi

espresso

cappuccino

cappuccino

bhanana

banaani

apuro

omena

orenji

appelsiini

nwiwa

meloni

ndimu

sitruuna

karotsi

porkkana

gariki

valkosipuli

mushenjere

bambu

hanyanisi

sipuli

hohwa

sieni

nzungu

pähkinät

manoodle

spagetti

spaghetti

spagetti

mupunga

riisi

saradhi

salaatti

machipisi

ranskalaiset

mbatatisi dzakafuraiwa

paistetut perunat

pitsa

pitsa

chingwa chakaruma nyama

hampurilainen

sangweji

voileipä

nhindi

leike

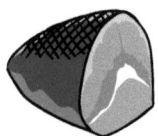

ham

kinkku

salami

salami

soseji

makkara

huku

kana

gochwa

paisti

hove

kala

bota reoats

kaurahiutaleet

muesli

mysli

macornflake

murot

furawa

jauho

croissant

voisarvi

chingwa

sämpylä

chingwa

leipä

chingwa chakagochwa

paahtoleipä

mabhisikiti

keksit

bhata

voi

ige

rahka

keke

kakku

zai

kananmuna

zai rakafuraiwa

paistettu kananmuna

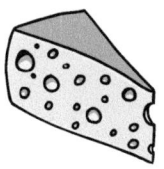

chizi

juusto

zvekudya - ruoka

aizikirimu

jäätelö

shuga

sokeri

huchi

hunaja

jemu

hillo

chocolate yekuzora

suklaapähkinälevite

curry

curry

purazi
maatila

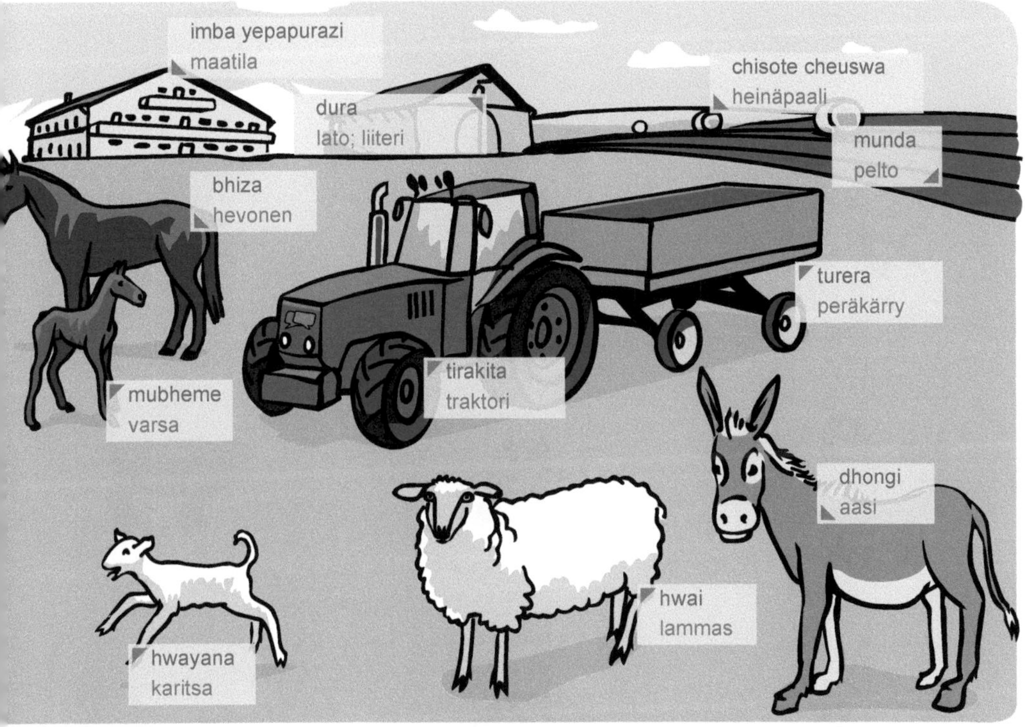

imba yepapurazi
maatila
dura
lato; liiteri
chisote cheuswa
heinäpaali
munda
pelto
bhiza
hevonen
turera
peräkärry
tirakita
traktori
mubheme
varsa
dhongi
aasi
hwai
lammas
hwayana
karitsa

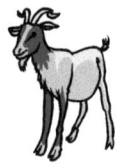

mbudzi

vuohi

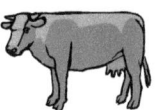

mhou

lehmä

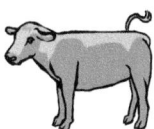

mhuru

vasikka

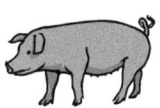

nguruve

sika

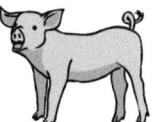

chigwi

porsas

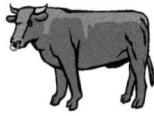

bhuru

sonni

dhadha

hanhi

dhakisi

ankka

nhiyo

tipu

tseketsa

kana

jongwe

kukko

gonzo

rotta

katsi

kissa

mbeva

hiiri

dhonza

härkä

imbwa

koira

imba yembwa

koirankoppi

pombi yemvura

puutarhaletku

keni yekudiridzisa

kastelukannu

jeko

viikate

gejo

aura

purazi - maatila

jeko

sirppi

badza

kuokka

forogo

talikko

demo

kirves

bhara

kottikärryt

chidyiro

kaukalo

bhodhoro remukaka

maitokannu

saga

säkki

fenzi

aita

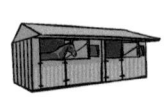

danga

talli

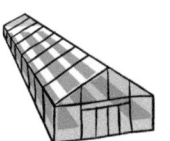

greenhouse

kasvihuone

ivhu

maa

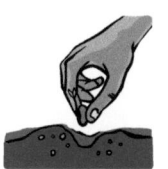

mbeu

siemen

fetereza

lannoite

mota yekukohwesa

leikkuupuimuri

kukohwa

kerätä sato

gohwo

sato

mbatatisi

jamssit

gorosi

vehnä

soya

soija

mbatatisi

peruna

chibage

maissi

rapeseed

rypsi

muti wemichero

hedelmäpuu

mufarinya

maniokki

mbesa

vilja

imba
talo

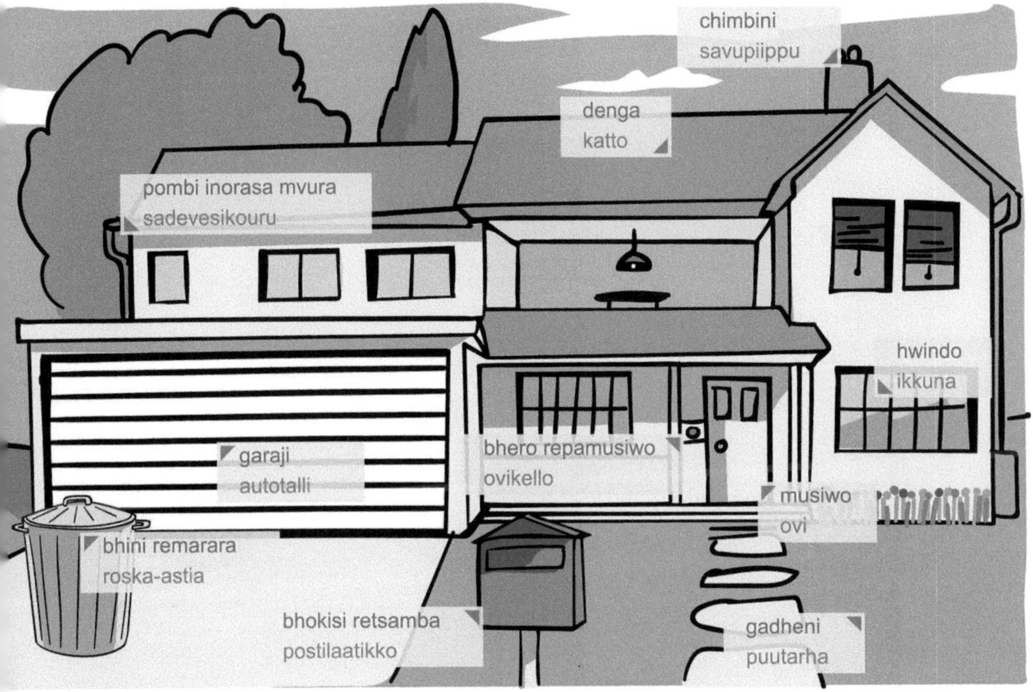
chimbini
savupiippu
denga
katto
pombi inorasa mvura
sadevesikouru
hwindo
ikkuna
garaji
autotalli
bhero repamusiwo
ovikello
musiwo
ovi
bhini remarara
roska-astia
bhokisi retsamba
postilaatikko
gadheni
puutarha

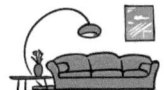

imba yekutandarira
olohuone

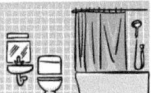

mekugezera
kylpyhuone

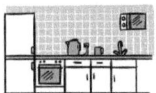

kicheni
keittiö

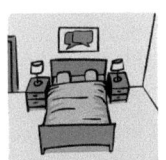

imba yekurara
makuuhuone

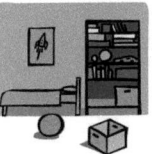

imba yemwana
lastenhuone

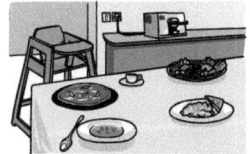

imba yekudyira
ruokahuone

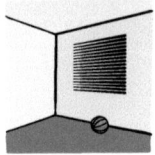

uriri
lattia

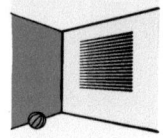

madziro
seinä

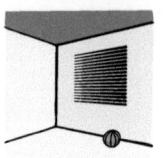

denga
katto

imba yepasi
kellari

sauna
sauna

vharanda repadenga
parveke

uriri hwepadenga
terassi

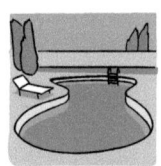

dziva rekushambira
uima-allas

muchina wekuchekesa uswa
ruohonleikkuri

jira
lakana

chekufukidza mubhedha
päiväpeitto

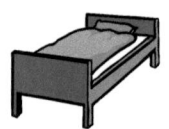

mubhedha
sänky

bhurumu
harja

bhaketi
ämpäri

suwichi
katkaisin

imba yekutandarira

olohuone

pepa remadziro
tapetti
pikicha
kuva
rambi
lamppu
sherufu
hylly
kabhati
kaappi
TV
televisio
nzvimbo yemoto
takka
ruva
kukka
kusheni
tyyny
sofa
sohva
vhazi
maljakko
rimoti
kaukosäädin

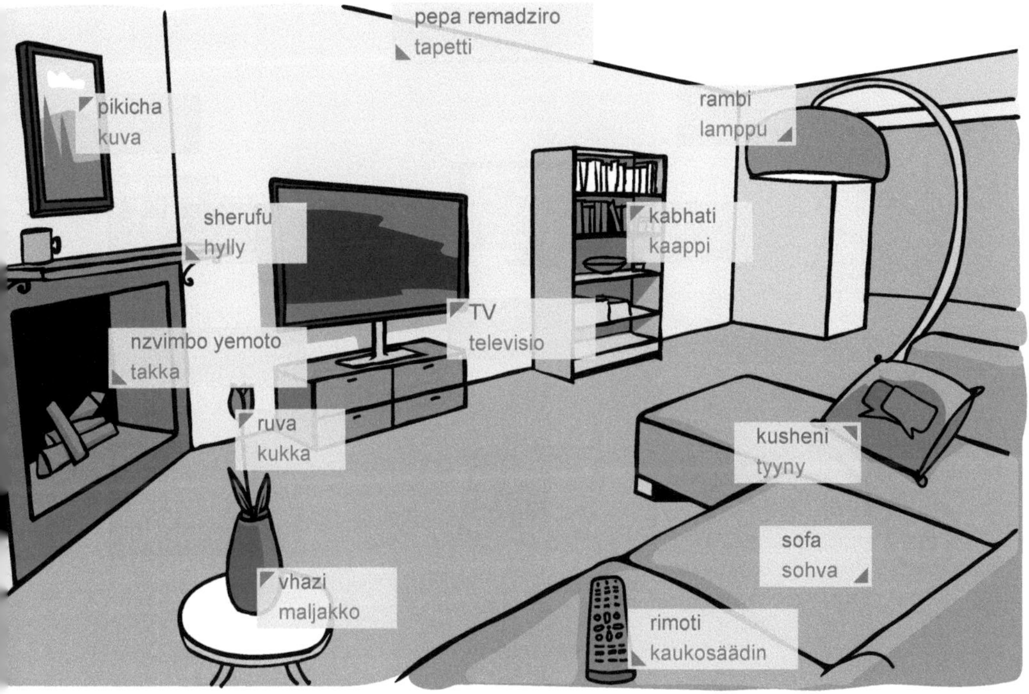

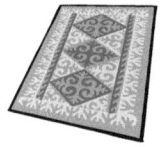

kapeti

matto

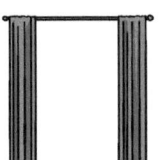

keteni

verho

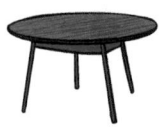

tebhuru

pöytä

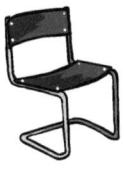

cheya

tuoli

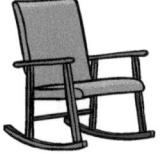

cheya inozeya

keinutuoli

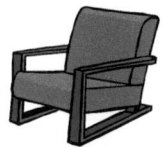

cheya ine pekuisa maoko

nojatuoli

bhuku

kirja

gumbeze

peitto

marongedzero

koriste

huni

polttopuut

firimu

elokuva

redhiyo yehi-fi

stereot

kii

avain

pepanhau

sanomalehti

mufananidzo

maalaus

posita

juliste

redhiyo

radio

pekunyorera

muistivihko

muchina wekuhuvhisa

pölynimuri

chinanazi

kaktus

kenduru

kynttilä

kicheni
keittiö

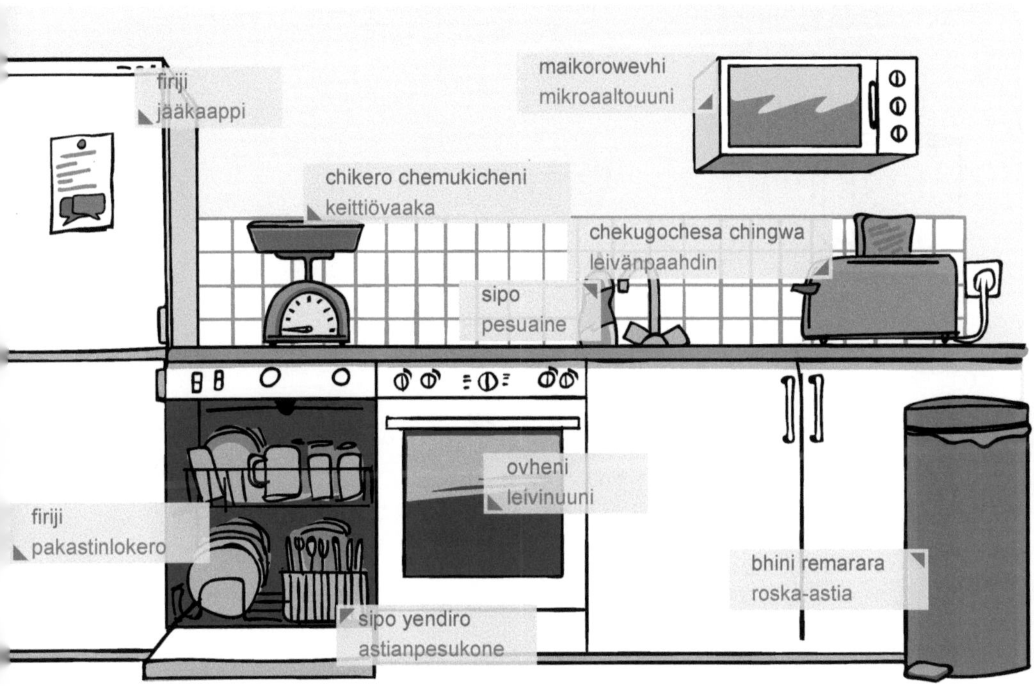

firiji
jääkaappi
maikorowevhi
mikroaaltouuni
chikero chemukicheni
keittiövaaka
chekugochesa chingwa
leivänpaahdin
sipo
pesuaine
ovheni
leivinuuni
firiji
pakastinlokero
bhini remarara
roska-astia
sipo yendiro
astianpesukone

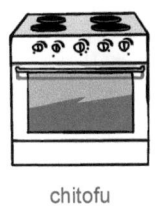

chitofu
liesi

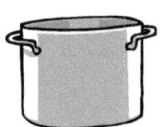

poto
kattila

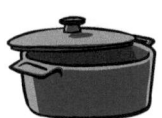

poto yesimbi
rautapata

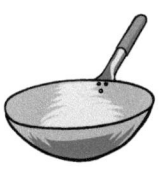

wok / kadai
vokkipannu / kadai-pannu

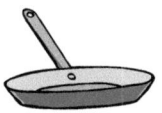

pani
paistinpannu

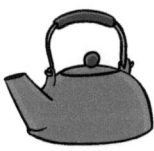

ketero
teepannu

chekubikisa neutsi
hwemvura
....
höyrykeitin

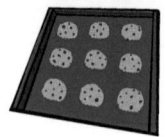

turei yekubhekesa
....
uunipelti

ndiro
....
astiat

kapu
....
muki

dishi
....
kulho

tumiti twekudyisa
....
syömäpuikot

chipunu
....
kauha

chipunu
....
paistinlasta

chekusanganisisa
....
vispilä

chekukunisa
....
siivilä

chekukunisa
....
siivilä

chekugiretesa
....
raastin

duri
....
mortteli

chiwaya
....
grilli

moto
....
avotuli

chekuchekera

leikkuulauta

chekutsimbiririsa
mukanyiwa

kaulin

chekuvhurisa mabhodhoro
ewaini

korkinavaaja

tini

purkki

chekuvhurisa tini

purkinavaaja

girovhosi rekubatisa
zvinopisa

pannulappu

singi

lavuaari

bhurasho

tiskiharja

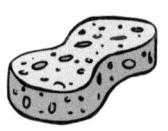

chipanji

pesusieni

chinosanganisa

tehosekoitin

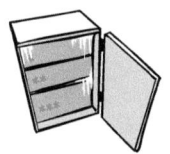

firiji

pakastin

bhodhoro remwana

tuttipullo

pombi

vesihana

mekugezera
kylpyhuone

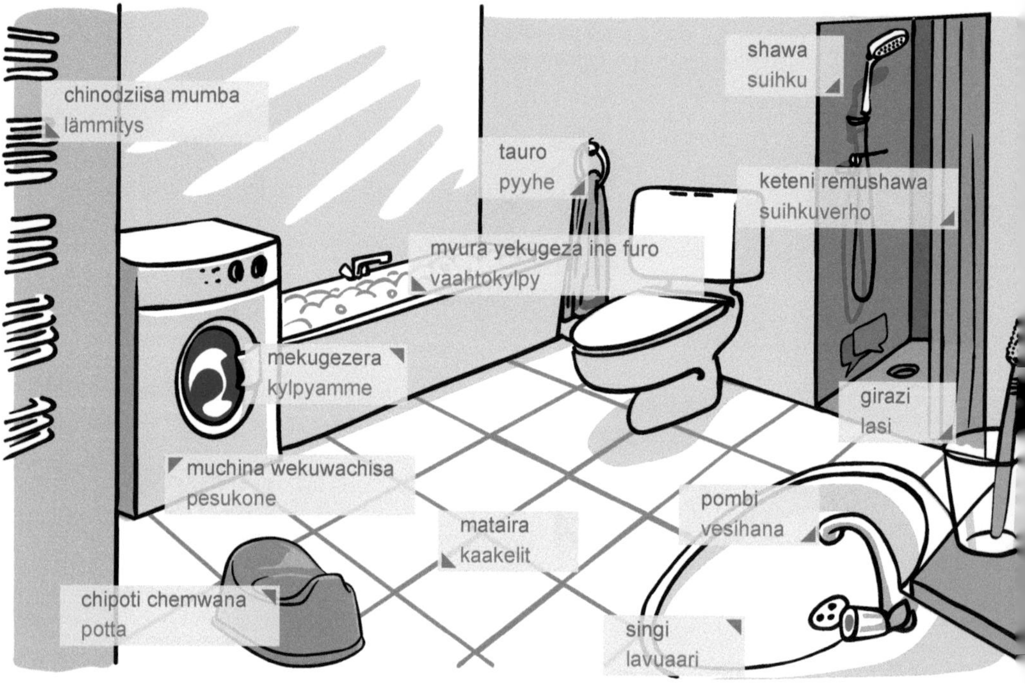

chinodziisa mumba
lämmitys
tauro
pyyhe
shawa
suihku
keteni remushawa
suihkuverho
mvura yekugeza ine furo
vaahtokylpy
mekugezera
kylpyamme
girazi
lasi
muchina wekuwachisa
pesukone
pombi
vesihana
mataira
kaakelit
chipoti chemwana
potta
singi
lavuaari

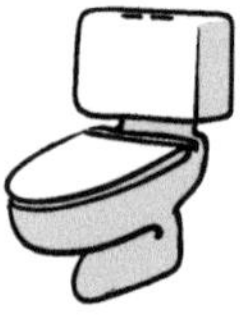

toireti

vessa

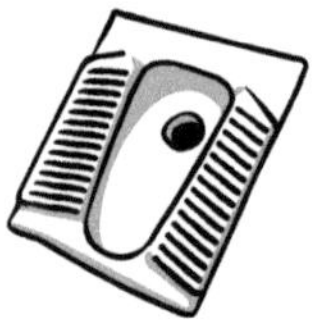

toireti yegomba

kyykkyvessa

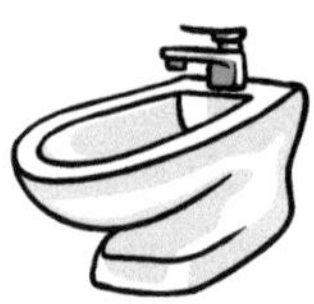

chemba

bidee

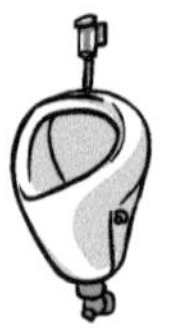

chekuitira weti chevarume

pisuaari

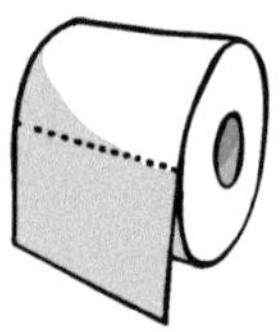

pepa remutoireti

vessapaperi

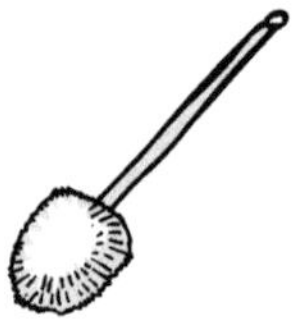

bhurasho remutoireti

vessaharja

bhurasho remazino

hammasharja

mushonga wemazino

hammastahna

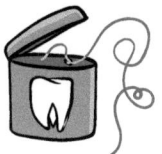

tambo yekugezesa mazino

hammaslanka

kugeza

pestä

shawa yekuita zvekubata

käsisuihku

douche

intiimisuihku

bheseni

pesuvati

bhurasho remusoro

selkäharja

sipo

saippua

ipo yekugezesa mushawa

suihkugeeli

shambuu

shampoo

chekugezesa

pesulappu

dhireni

viemäri

mafuta

voide

chinonhuwirira

deodorantti

girazi
....
peili

girazi remumaoko
....
käsipeili

chekugeresa ndebvu
....
partaveitsi

furo rekugeresa ndebvu
....
partavaahto

mafuta ekuzora wagera
ndebvu
....
partavesi

kamu
....
kampa

bhurasho
....
harja

chekuomesa bvudzi
....
hiustenkuivaaja

mushonga wekupfapfaidza
musoro
....
hiuslakka

zvekupodesa
....
meikki

chekupendesa muromo
....
huulipuna

chekupendesa nzara
....
kynsilakka

donje
....
pumpuli

chigero chenzara
....
kynsisakset

pefiyumu
....
hajuvesi

bhegi rezvekugezesa

kosmetiikkalaukku

chituro

jakkara

chikero

vaaka

bathrobe

kylpytakki

magirovhosi erabha

kumihansikkaat

tampon

tamponi

pedhi

terveysside

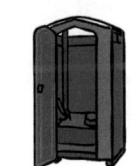

toireti inotakurwa

kemiallinen wc

imba yemwana
lastenhuone

wachi
herätyskello
chitoyi chekurara nacho
pehmolelu
mota yekutambisa
leikkiauto
hosho
helistin
kamba kezvidhori
nukkekoti
chipo
lahja

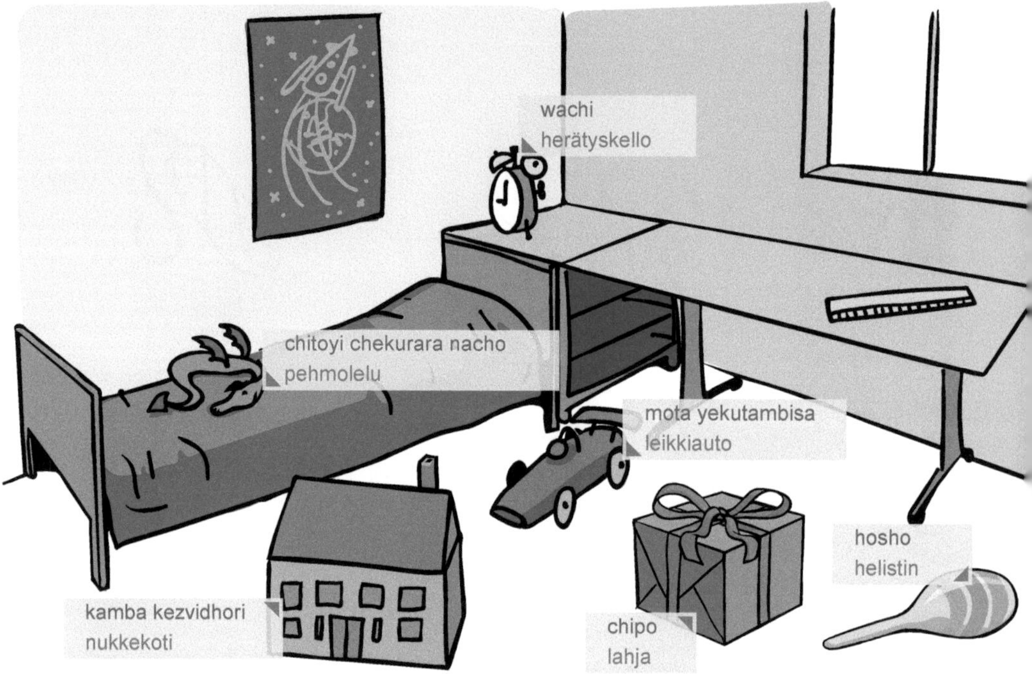

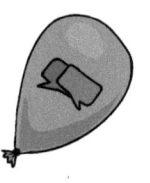

chibharuma

ilmapallo

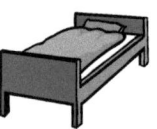

mubhedha

sänky

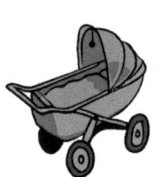

purema

lastenvaunut

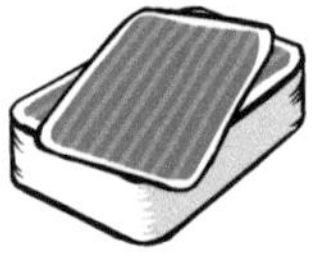

makadhi ekutamba

korttipeli

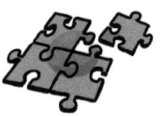

puzzle

palapeli

SUPER MEGA

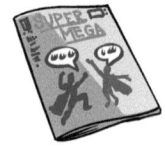

makatuni ekuverenga

sarjakuva

zvekuvakisa zvinhu

legopalikat

mabhuroko ekuvakisa

rakennuspalikat

chidhori

supersankari

babygrow

potkupuku

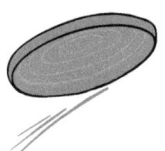

chekutambisa uchikanda

frisbee

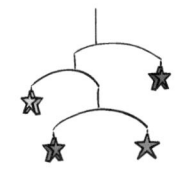

zvekuvaraidza mwana

mobile

gemu rinotambirwa pabhodhi

lautapeli

dhaisi

noppa

zvitima zvekutambisa

pienoisjunarata

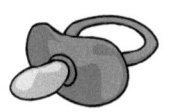

chidhami

tutti

mabiko

juhlat

bhuku remapikicha

kuvakirja

bhora

pallo

chidhori

nukke

kutamba

leikkiä

majecha ekutambira

hiekkalaatikko

muzeerere

keinu

zvekutambisa

lelut

chekutambisa magemu
emavhidhiyo

pelikonsoli

kabhasikoro kemavhiri
matatu

kolmipyörä

teddy bear

nalle

wadhiropu

vaatekaappi

zvipfeko

vaatteet

masokisi

sukat

masokisi

nylonsukat

matirauzi anobata muviri

sukkahousut

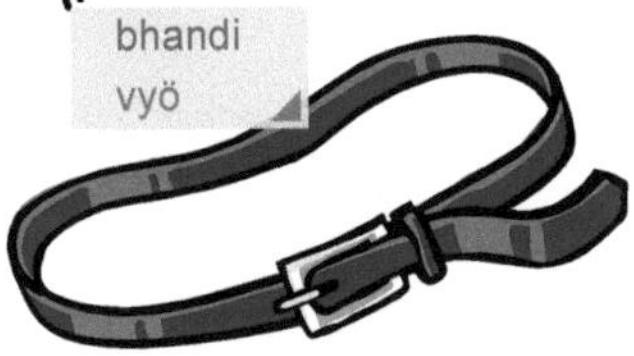

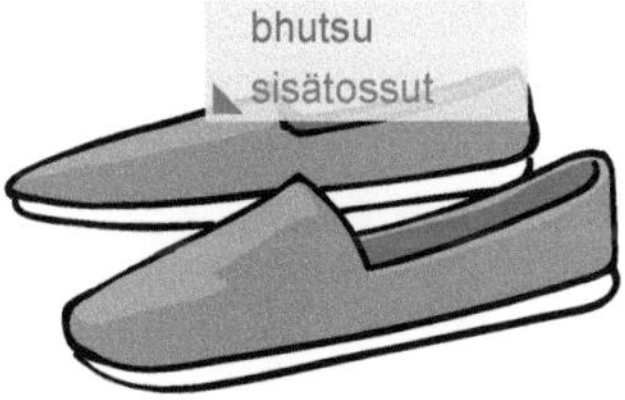

sikavha
kaulaliina

amburera
sateenvarjo

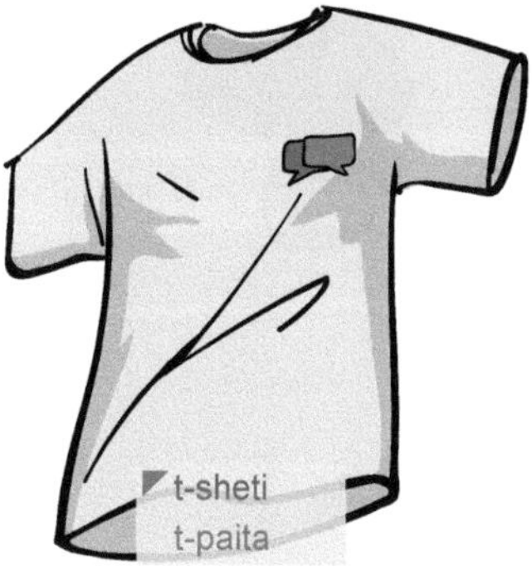

bhandi
vyö

t-sheti
t-paita

majombo
saappaat

bhutsu
sisätossut

bhutsu
lenkkarit

masanduru
....
sandaalit

bhutsu
....
kengät

magambutsu
....
kumisaappaat

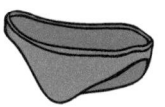

nduwe
....
alushousut

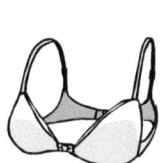

bhodhi
....
rintaliivit

vhesi
....
aluspaita

muviri
body

tirauzi
housut

jini
farkut

siketi
hame

bhurauzi
pusero

hembe
paita

bhachi
villapaita

chibhachi
collegepaita

bhachi
jakku

bhachi
takki

jasi
takki

renikoti
sadetakki

koshitomu
puku

dhirezi
mekko

dhirezi remuchato
hääpuku

46   zvipfeko - vaatteet

sutu
puku

hembe yekurarisa
yöpaita

mapijama
pyjama

chari
shari

headscarf
päähuivi

heti
turbaani

burqa
burka

kaftan
kaftaani

abaya
abaya

hembe yekutuhwinisa
uimapuku

chikabudura
uimahousut

chikabudura
shortsit

tirekisutu
verkkarit

apuroni
esiliina

magirovhosi
käsineet

bhatani
....
nappi

magirazi
....
silmälasit

bhenguru
....
rannekoru

chuma
....
kaulakoru

rin'i
....
sormus

mhete
....
korvakoru

kepisi
....
lippalakki

hen'a
....
ripustin

heti
....
hattu

tai
....
solmio

zipi
....
vetoketju

herumeti
....
kypärä

mabhandi
....
henkselit

yunifomu yekuchikoro
....
koulupuku

yunifomu
....
univormu

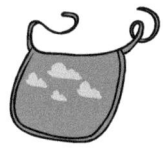

chibhibhi

ruokalappu

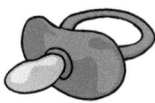

chidhami

tutti

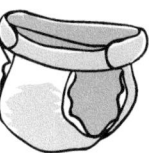

napukeni

vaippa

hofisi
toimisto

server
palvelin
kabhineti
asiakirjakaappi
muchina wekuprindisa
tulostin
sikirini
näyttö
pepa
paperi
mouse
hiiri
tafura
kirjoituspöytä
fayera
kansio
keyboard
näppäimistö
bhini remapepa
roskakori
kombiyuta
tietokone
cheya
tuoli

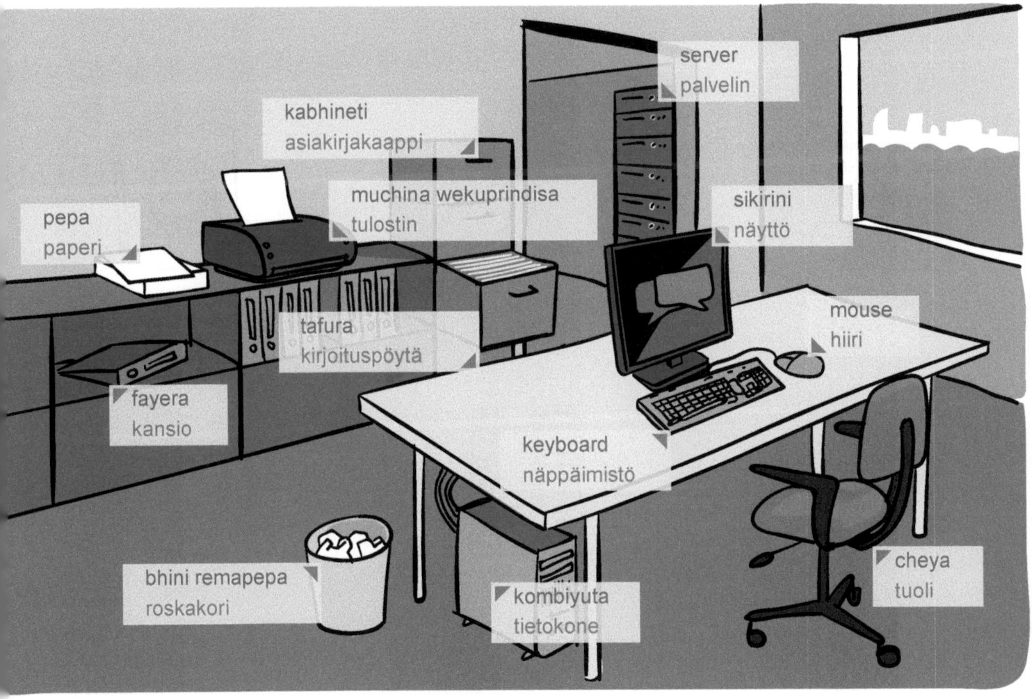

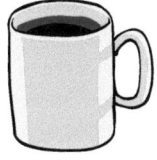

kapu yekofi

kahvimuki

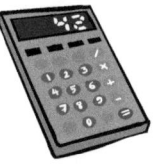

kakureta

taskulaskin

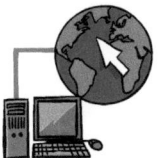

indaneti

internet

laptop

kannettava tietokone

tsamba

kirje

tsamba

viesti

serura

kännykkä

network

verkko

muchina wekufotokopesa

kopiokone

software

ohjelmisto

foni

puhelin

pekupfekera magetsi

pistorasia

muchina wefax

faksi

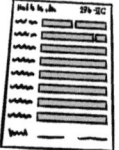

fomu

lomake

gwaro

asiakirja

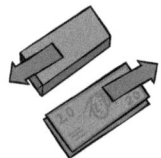

kutenga

ostaa

kubhadhara

maksaa

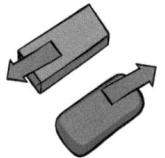

kutengesa

vaihtaa

mari

raha

Dhora

dollari

Euro

euro

Yen

jeni

rouble

rupla

Swiss franc

frangi

renminbi yuan

renminbi juan

rupee

rupia

panobhadharwa

pankkiautomaatti

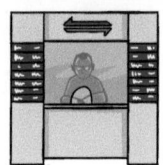

panochinjwa mari

rahanvaihto

goridhe

kulta

sirivha

hopea

mafuta

öljy

magetsi

energia

mutengo

hinta

chibvumirano

sopimus

mutero

vero

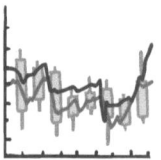

masitoku

osake

kushanda

työskennellä

mushandi

työntekijä

mushandirwi

työnantaja

fekitari

tehdas

chitoro

liike

mabasa
ammatit

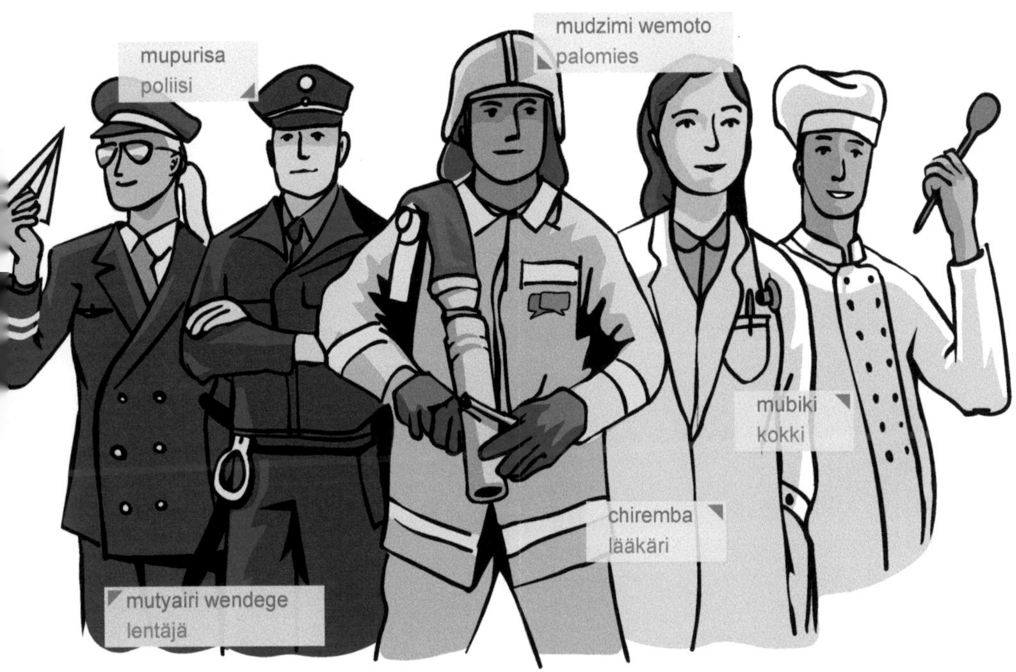
mupurisa
poliisi
mudzimi wemoto
palomies
mubiki
kokki
chiremba
lääkäri
mutyairi wendege
lentäjä

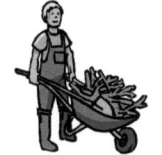

mushandi wemugadheni

puutarhuri

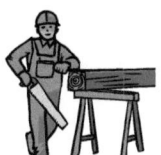

muvezi

puuseppä

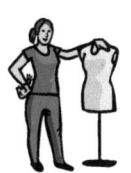

mukadzi anosona

ompelija

mutongi

tuomari

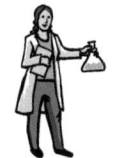

anoita zvemishonga

kemisti

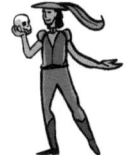

ekita

näyttelijä

mutyairi webhazi

linja-autonkuljettaja

mutyairi wetaxi

taksinkuljettaja

muredzi

kalastaja

mudzimai anochenesa

siivooja

anogadzira denga

katontekijä

hweta

tarjoilija

muvhimi

metsästäjä

anopenda

maalari

mubiki wechingwa

leipuri

mugadziri wemagetsi

sähköasentaja

muvaki

rakentaja

injiniya

insinööri

mushandi wemubhucha

teurastaja

puramba

putkiasentaja

positimeni

postinjakaja

musoja

sotilas

anoita mapurani edzimba

arkkitehti

mutengesi

kassanhoitaja

mugadziri wemaruva

floristi

mugadziri wemusoro

kampaaja

kondakita

konduktööri

makanika

mekaanikko

kaputeni

kapteeni

chiremba wemazino

hammaslääkäri

musayindisti

tiedemies

rabbi

rabbi

imam

imaami

mumonk

munkki

mufundisi

pappi

maturusi
työkalut

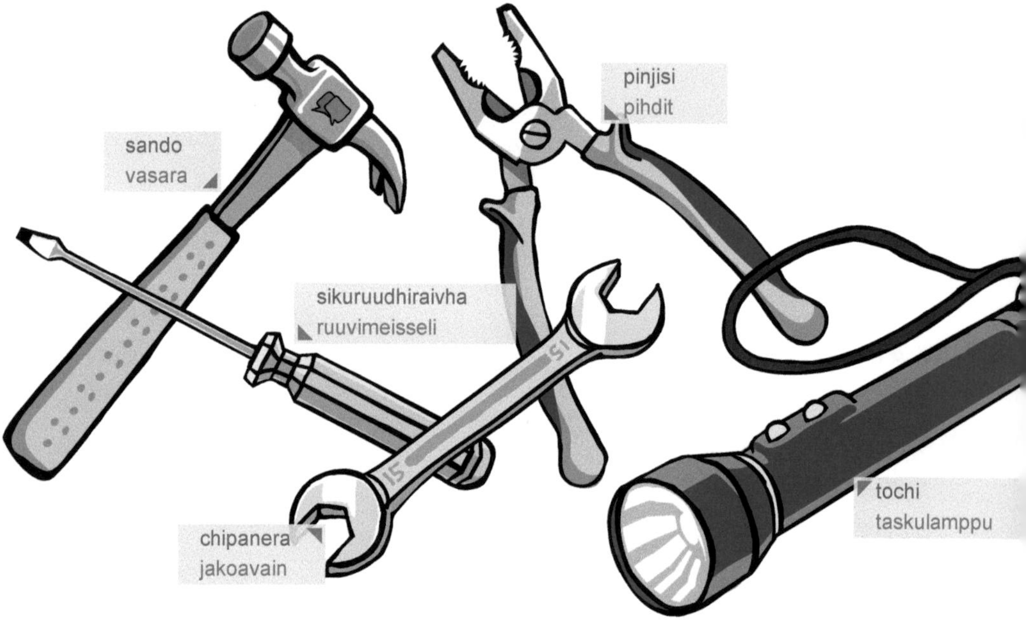

sando
vasara
pinjisi
pihdit
sikuruudhiraivha
ruuvimeisseli
chipanera
jakoavain
tochi
taskulamppu

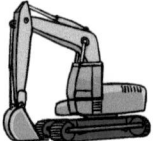

chikatapira

kaivinkone

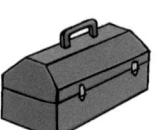

bhokisi rematurusi

työkalupakki

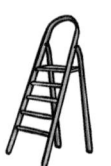

manera

tikkaat

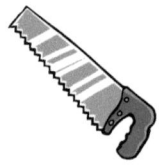

saha

saha

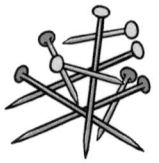

zvipikiri

naulat

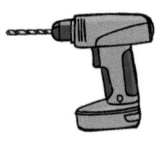

chibooreso

pora

kugadzira	foshoro	Nxa!
korjata	lapio	Hitto!

chidyoreso	gaba rependi	masikuruu
rikkalapio	maalipurkki	ruuvit

zviridzwa
soittimet

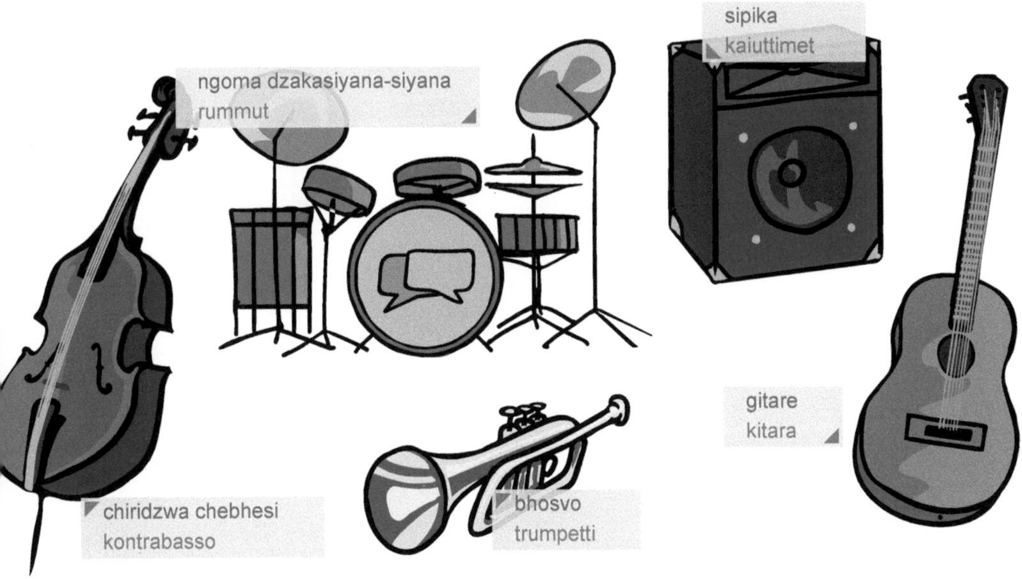

sipika
kaiuttimet

ngoma dzakasiyana-siyana
rummut

gitare
kitara

chiridzwa chebhesi
kontrabasso

bhosvo
trumpetti

piyano

piano

violin

viulu

gitare rebhesi

basso

ngoma

patarummut

ngoma

rumpu

piyano yemagetsi

kosketinsoitin

saxophone

saksofoni

nyere

huilu

maikorofoni

mikrofoni

munochengeterwa mhuka
eläintarha

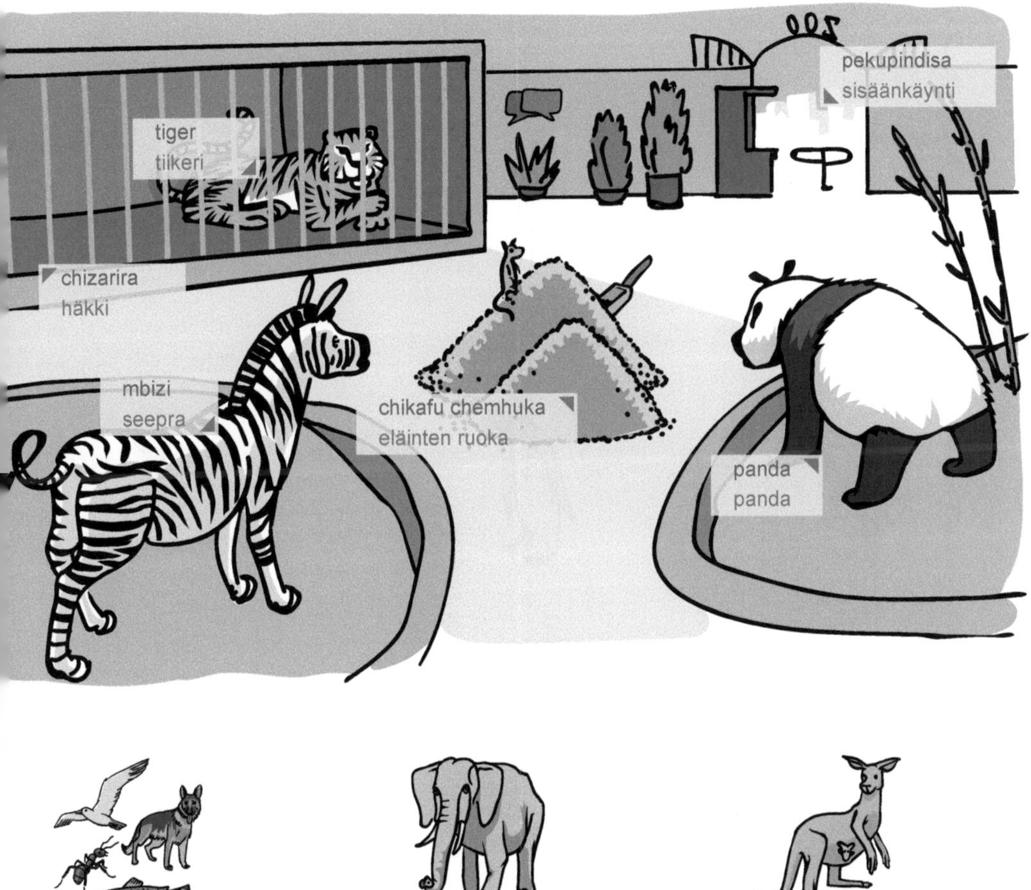

tiger
tiikeri
chizarira
häkki
mbizi
seepra
chikafu chemhuka
eläinten ruoka
pekupindisa
sisäänkäynti
panda
panda

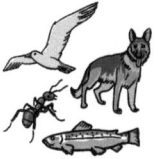

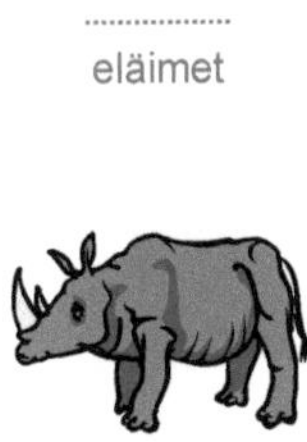

mhuka
eläimet

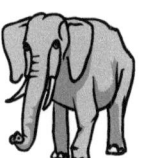

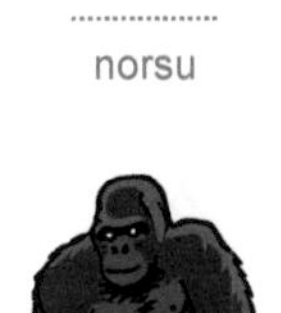

nzou
norsu

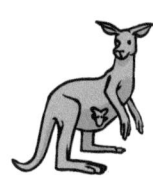

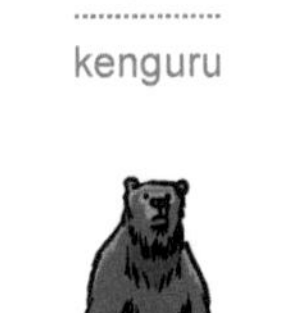

kangaruru
kenguru

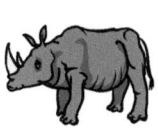

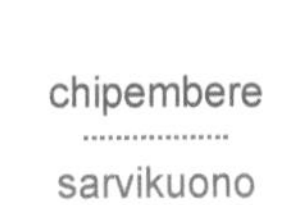

chipembere
sarvikuono

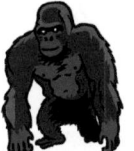

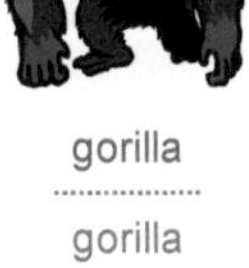

gorilla
gorilla

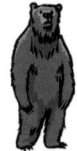

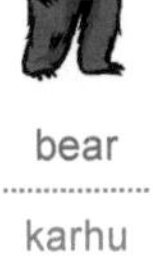

bear
karhu

ngamera

kameli

mhou

strutsi

shumba

leijona

tsoko

apina

flamingo

flamingo

parrot

papukaija

bear rekuchando

jääkarhu

penguin

pingviini

shark

hai

pikoko

riikinkukko

nyoka

käärme

garwe

krokotiili

muchengeti wenzvimbo
yemhuka

eläintarhanhoitaja

seal

hylje

jaguar

jaguaari

nyurusi

poni

ingwe

leopardi

mvuu

virtahepo

twiza

kirahvi

gondo

kotka

nguruve yemusango

villisika

hove

kala

kamba

kilpikonna

walrus

mursu

gava

kettu

nhoro

gaselli

bhora rekuAmerica
amerikkalainen jalkapallo

kuchovha
pyöräily

tenisi
tennis

bhora rebhasiketi
koripallo

kutuhwina
uinti

hockey yemuchando
jääkiekko

tsiva
nyrkkeily

nhabvu

jalkapallo

badminton

sulkapallo

zvekumhanya

yleisurheilu

bhora remaoko

käsipallo

kuita ski

hiihto

polo

poolo

mabasa
aktiviteetit

kuseka
nauraa
kusvetuka
hypätä
kumbundira
halata
kufamba
kävellä
kuimba
laulaa
kurota
unelmoida
kunyengetera
rukoilla
kutsvoda
suudella

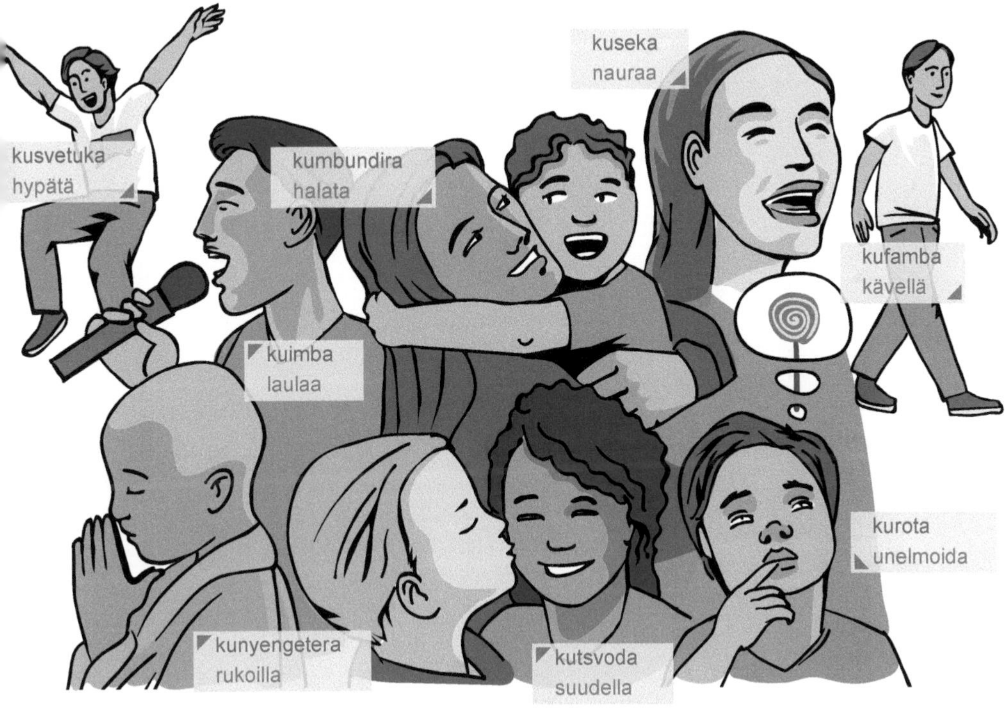

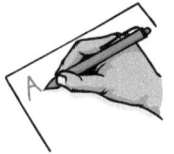

nyora
kirjoittaa

kudhirowa
piirtää

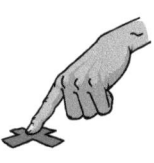

kuratidza
näyttää

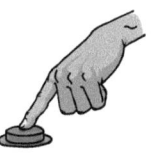

kusunda
painaa

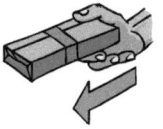

kupa
antaa

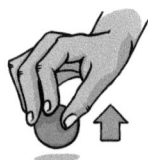

kutora
ottaa

kuva ne

omistaa

kuita

tehdä

kuva

olla

kumira

seisoa

kumhanya

juosta

kudhonza

vetää

kukanda

heittää

kudonha

kaatua

kurara

maata

kumirira

odottaa

kutakura

kantaa

kugara

istua

kupfeka

pukeutua

kurara

nukkua

kumuka

herätä

kutarisa

katsoa

kuchema

itkeä

kupuruzira

silittää

kukama

kammata

kutaura

puhua

kunzwisisa

ymmärtää

kubvunza

kysyä

kuteerera

kuunnella

kunwa

juoda

kudya

syödä

kuchenesa

siivota

kuda

rakastaa

kubika

keittää

kutyaira

ajaa

kubhururuka

lentää

kufambiswa nemhepo

purjehtia

kakureta

laskea

kuverenga

lukea

kudzidza

oppia

kushanda

työskennellä

kuroora / kuroorwa

mennä naimisiin

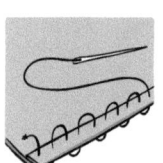

kusona

ommella

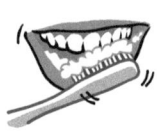

kukwesha mazino

pestä hampaat

kuuraya

tappaa

kuputa

tupakoida

kutumira

lähettää

mhuri
perhe

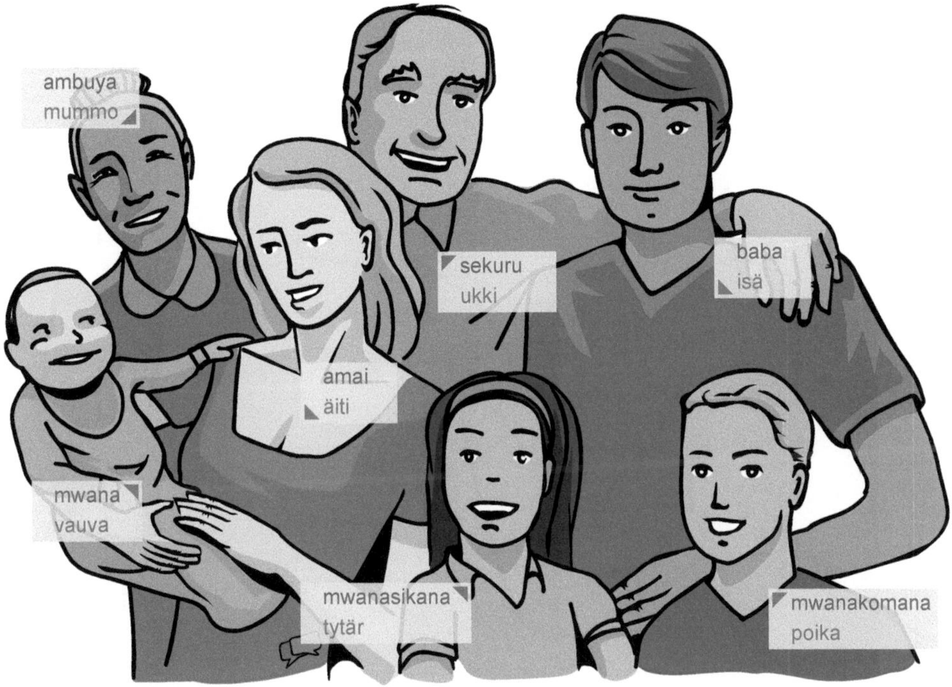
ambuya
mummo
sekuru
ukki
baba
isä
amai
äiti
mwana
vauva
mwanasikana
tytär
mwanakomana
poika

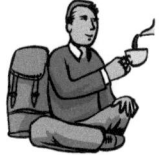

muenzi

vieras

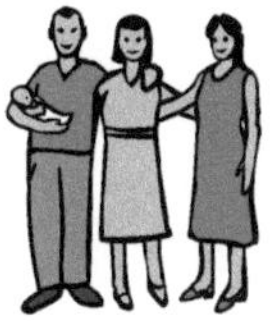

tete

täti

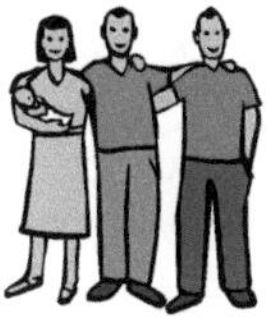

sekuru

setä

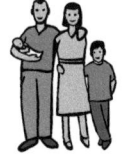

hanzvadzikomana

veli

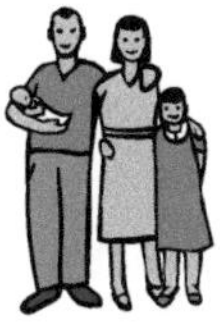

hanzvadzisikana

sisko

muviri

vartalo

huma
otsa
ziso
silmä
chiso
kasvot
chirebvu
leuka
chipfuva
rinta
munwe
sormet
ruoko
käsi
ruoko
käsivarsi
bendekete
olkapää
gumbo
jalka

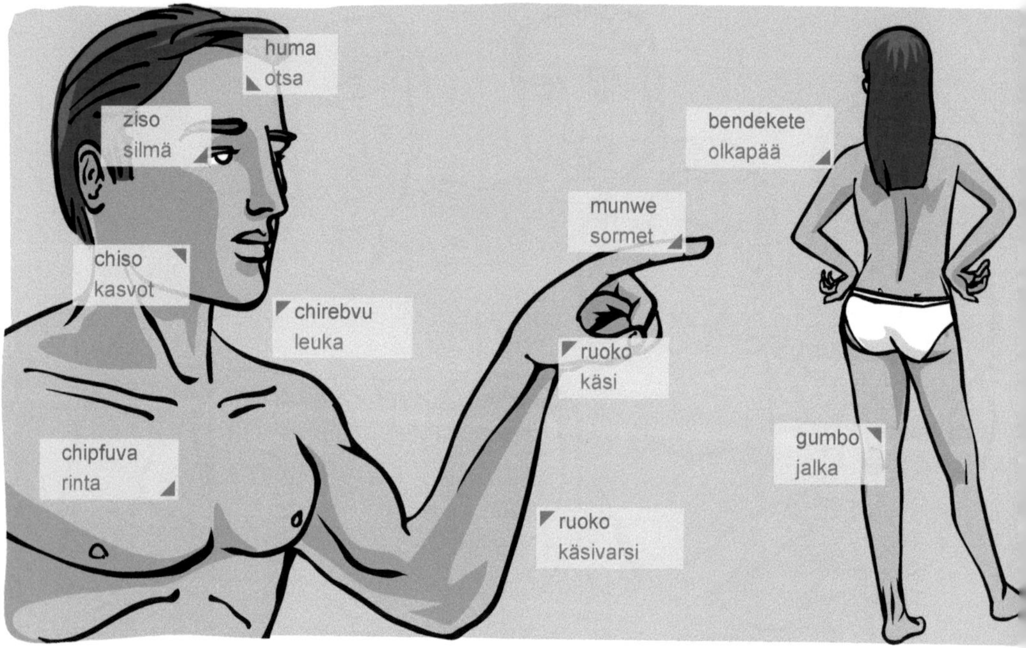

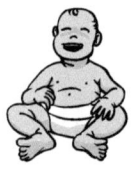

mwana

vauva

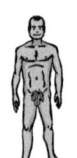

murume

mies

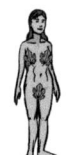

mukadzi

nainen

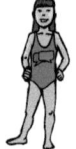

musikana

tyttö

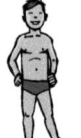

mukomana

poika

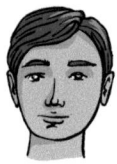

musoro

pää

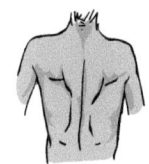

musana

selkä

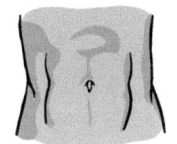

dumbu

maha

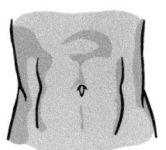

guvhu

napa

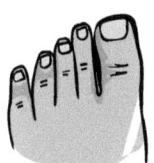

chigunwe

varvas

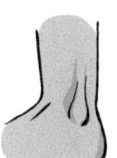

chitsitsinho

kantapää

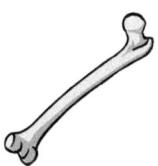

bhonzo

luu

hudyu

lantio

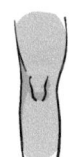

ibvi

polvi

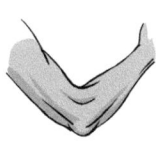

gokora

kyynärpää

mhino

nenä

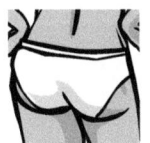

garo

takapuoli

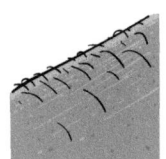

ganda

iho

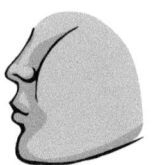

dama

poski

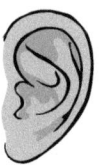

nzeve

korva

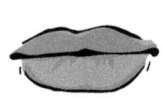

muromo

huuli

mukanwa

suu

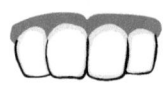

zino

hammas

rurimi

kieli

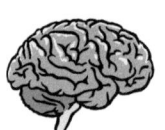

uropi

aivot

mwoyo

sydän

tsandanyama

lihas

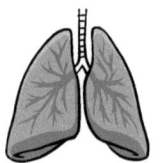

bapu

keuhkot

chitaka

maksa

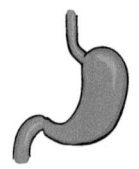

dumbu

vatsa

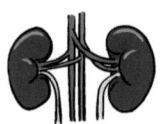

itsvo

munuaiset

kuita bonde

seksi

kondomu

kondomi

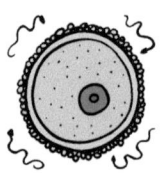

zai

munasolu

urume

sperma

nhumbu

raskaus

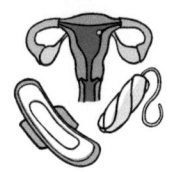

kuenda kumwedzi

kuukautiset

sikarudzi

vagina

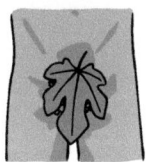

mboro

penis

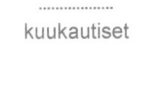

tsiye

kulmakarvat

bvudzi

hiukset

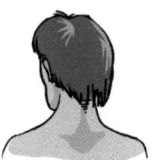

mutsipa

niska

muviri - vartalo

chipatara
sairaala

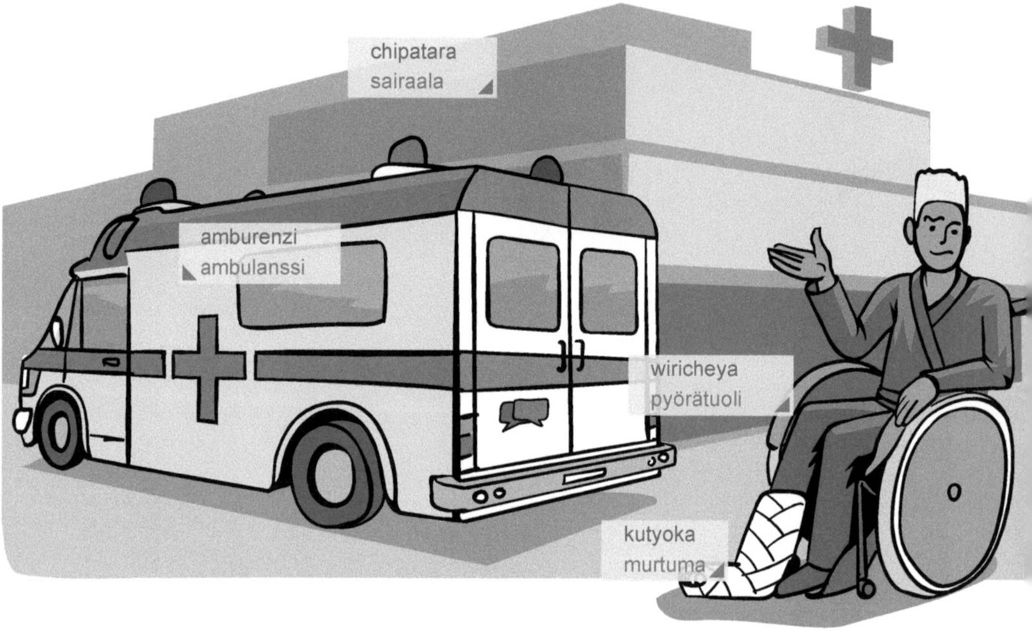

chipatara
sairaala
amburenzi
ambulanssi
wiricheya
pyörätuoli
kutyoka
murtuma

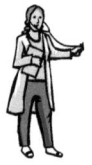

chiremba
lääkäri

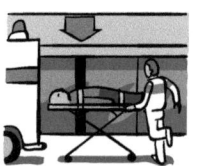

imba yerubatsiro
ensiapu

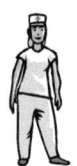

nesi
sairaanhoitaja

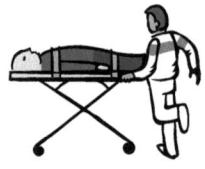

zvekukurumidza
hätätilanne

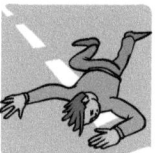

kufenda
tajuton

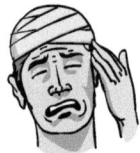

rwadza
kipu

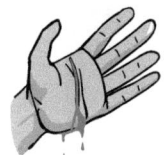

kukuvara

vamma

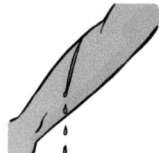

kubuda ropa

verenvuoto

kuerekana mwoyo
usisashandi

sydänkohtaus

kuoma rutivi

aivoinfarkti

zvinorwarisa

allergia

chikosoro

yskä

fivha

kuume

furuu

flunssa

manyoka

ripuli

kutemwa nemusoro

päänsärky

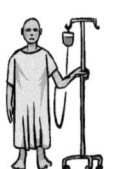

mhuka

syöpä

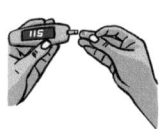

chirwere cheshuga

diabetes

muvhiyi

kirurgi

kabanga keoparesheni

veitsi

oparesheni

leikkaus

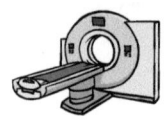

CT

ct

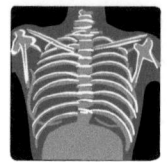

x-ray

röntgen

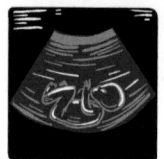

ultrasound

ultraääni

chekuvharisa mhino nemuromo

maski

chirwere

sairaus

mekumirira kurapiwa

odotushuone

chidhondoro

sauva

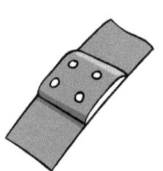

purasita

laastari

bhandiji

side

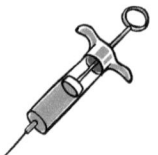

jekiseni

pistos

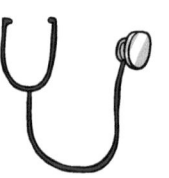

chekuteerera nacho mukati

stetoskooppi

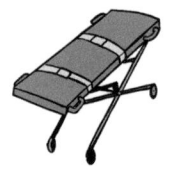

kamubhedha kemurwere

paarit

chekutoresa nacho tembiricha

kuumemittari

kuzvara

syntymä

kufuta

ylipaino

chekubatsira kunzwa

kuulolaite

mushonga unouraya
utachiona

desinfiointiaine

utachiona

infektio

vhairasi

virus

HIV / AIDS

HIV / AIDS

mushonga

lääke

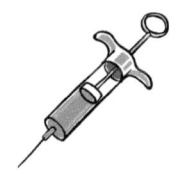

kudzivirira zvirwere

rokotus

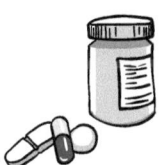

mapiritsi

tabletit

piritsi

pilleri

kufonera rubatsiro ipapo
ipapo

hätäpuhelu

muchina wekuyeresa BP

verenpainemittari

kurwara / kugwinya

sairas / terve

Maiwe! Apua!	 bhero hälytys	 kurwisa ryöstö
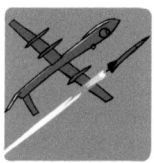 kurwisa hyökkäys	 ngozi vaara	 pekupuda napo zvechimbi-chimbi hätäuloskäynti
Moto! Tulipalo!	 chekudzimisa moto palosammutin	 tsaona onnettomuus
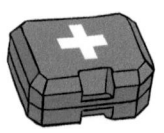 zvinhu zvefirst aid ensiapulaukku	 SOS SOS	 mapurisa poliisilaitos

Europe

Eurooppa

Kuchamhembe kweAmerica

Pohjois-Amerikka

Kumaodzanyemba kweAmerica

Etelä-Amerikka

Africa

Afrikka

Asia

Aasia

Australia

Australia

Atlantic

Atlantin valtameri

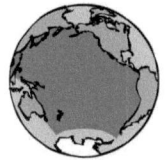

Pacific

Tyynimeri

Nyanza yeIndia

Intian valtameri

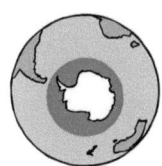

Nyanza yeAntarctic

Eteläinen jäämeri

Nyanza yeArctic

Pohjoinen jäämeri

Kuchamhembe

pohjoisnapa

Kumaodzanyemba

etelänapa

Antarctica

Antarktis

Nyika

maa

nyika

maa

gungwa

meri

chitsuwa

saari

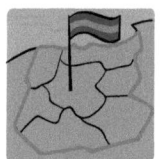

nyika

kansa

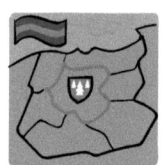

nyika

osavaltio

wachi

kellotaulu

chinongedza awa

tuntiviisari

chinongedza miniti

minuuttiviisari

chinongedza masekondi

sekuntiviisari

Inguvai?

Paljonko kello on?

zuva

päivä

nguva

aika

izvozvi

nyt

wachi yemanhamba

digitaalikello

miniti

minuutti

awa

tunti

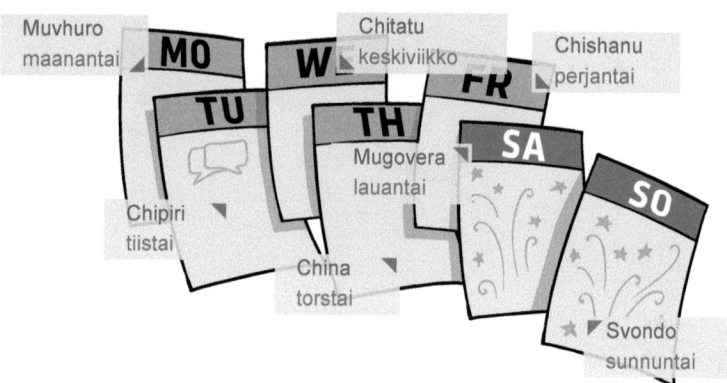

Muvhuro — maanantai — MO
Chitatu — keskiviikko — W
Chishanu — perjantai — FR
TU
TH
Mugovera — lauantai — SA
Chipiri — tiistai
China — torstai
SO
Svondo — sunnuntai

nezuro

eilen

nhasi

tänään

mangwana

huomenna

mangwanani

aamu

masikati

keskipäivä

manheru

ilta

MO	TU	WE	TH	FR	SA	SU
1	2	3	4	5	6	7
8	9	10	11	12	13	14
15	16	17	18	19	20	21
22	23	24	25	26	27	28
29	30	31	1	2	3	4

mazuva ebasa

työpäivät

MO	TU	WE	TH	FR	SA	SU
1	2	3	4	5	6	7
8	9	10	11	12	13	14
15	16	17	18	19	20	21
22	23	24	25	26	27	28
29	30	31	1	2	3	4

kupera kwevhiki

viikonloppu

mvura
sade

muraraungu
sateenkaari

chando
lumi

mhepo
tuuli

chirimo
kevät

matsutso
syksy

zhizha
kesä

chando
talvi

4.APRIL	11°	☀
5.APRIL	4°	☁
6.APRIL	13°	☁
7.APRIL	8°	☀
8.APRIL	10°	☀

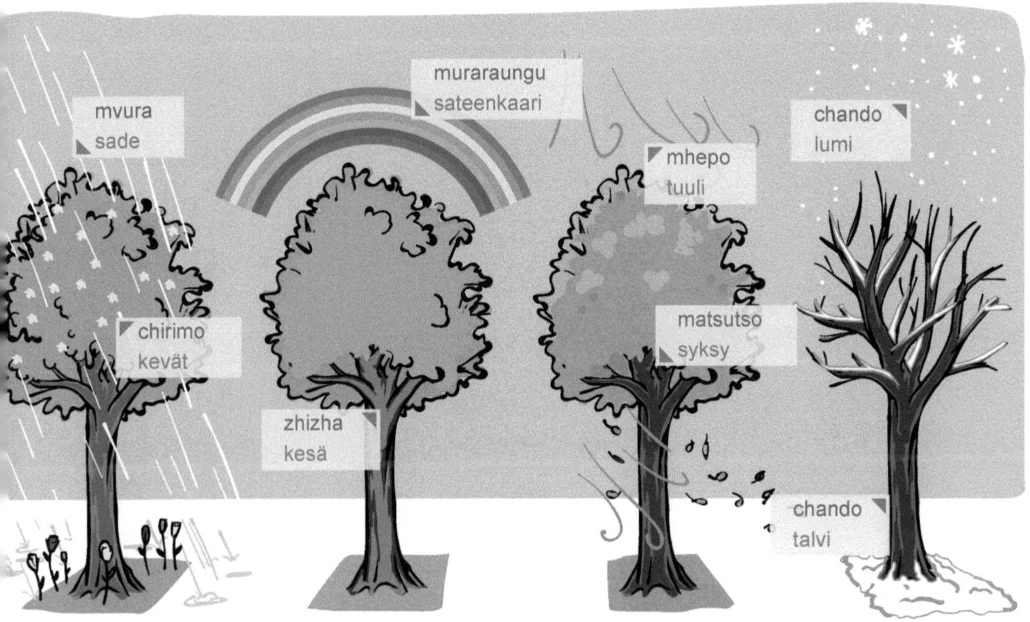

mamiriro ekunze
anofungidzirwa
....
sääennuste

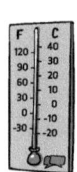

chekutoresa tembiricha
....
lämpömittari

zuva
....
auringonpaiste

makore
....
pilvi

mhute
....
sumu

hunyoro
....
ilmankosteus

mheni

salama

kutinhira

ukkonen

dutu

myrsky

chivhuramabwe

rae

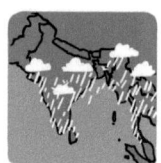

mhepo ine mvura

monsuuni

mafashamo

tulva

mazaya echando

jää

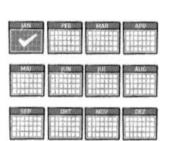

Ndira

tammikuu

Kukadzi

helmikuu

Kurume

maaliskuu

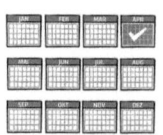

Kubvumbi

huhtikuu

Chivabvu

toukokuu

Chikumi

kesäkuu

Chikunguru

heinäkuu

Nyamavhuvhu

elokuu

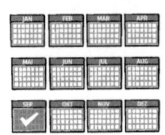

Gunyana
....
syyskuu

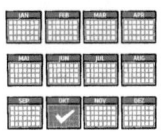

Gumiguru
....
lokakuu

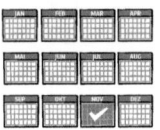

Mbudzi
....
marraskuu

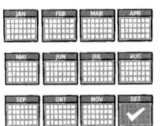

Zvita
....
joulukuu

mashepu
muodot

denderedzwa
....
ympyrä

sikweya
....
neliö

rectangle
....
suorakulmio

triangle
....
kolmio

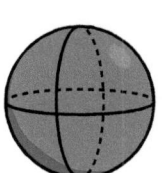

bhora
....
pallo

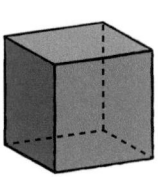

bhokisi
....
kuutio

chena

valkoinen

yero

keltainen

orenji

oranssi

pingi

vaaleanpunainen

tsvuku

punainen

pepuru

violetti

bhuruu

sininen

girini

vihreä

kaki

ruskea

gireyi

harmaa

nhema

musta

zvakawanda / zvishoma

paljon / vähän

hasha / dzikama

vihainen / ystävällinen

naka / shata

kaunis / ruma

kutanga / kuguma

alku / loppu

hombe / diki

suuri / pieni

jeka / rima

vaalea / tumma

hanzvadzikomana / hanzvadzisikana

veli / sisko

chena / sviba

puhdas / likainen

kwana / kusakwana

täydellinen / epätäydellinen

masikati / usiku

päivä / yö

yakafa / mhenyu

kuollut / elävä

pamhamha / tetepa

leveä / kapea

unodyiwa / haudyiwi

syötävä / syömäkelvoton

utsinye / mutsa

paha / kiltti

kunakidzwa / kufinhwa

innostunut / tylsistynyt

kobvuka / tetepa

lihava / laiha

kutanga / kupedzisira

ensimmäinen / viimeinen

shamwari / muvengi

ystävä / vihollinen

rakazara / hairina kuzara

täysi / tyhjä

oma / pfava

kova / pehmeä

rema / reruka

painava / kevyt

nzara / nyota

nälkä / jano

kurwara / kugwinya

sairas / terve

zvisiri pamutemo / zviri pamutemo

laiton / laillinen

kungwara / kupusa

älykäs / tyhmä

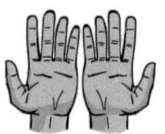

ruboshwe / rudyi

vasen / oikea

pedyo / kure

lähellä / kaukana

matsva / matsaru

uusi / käytetty

hapana / chiripo

ei mitään / jotain

kuru / duku

vanha / nuori

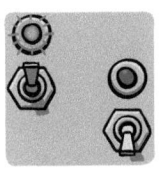

batidza/dzima

päällä / pois päältä

vhurika / vharika

auki / kiinni

nyarara / ruzha

hiljainen / äänekäs

mupfumi / murombo

rikas / köyhä

chakanaka / chakaipa

oikein / väärin

kukasharara / kutsvedzerera

karhea / sileä

kusuwa / kufara

surullinen / iloinen

pfupi / refu

lyhyt / pitkä

nonoka / kurumidza

hidas / nopea

nyoro / oma

märkä / kuiva

dziya / tonhora

lämmin / viileä

hondo / rugare

sota / rauha

numerot

0	**1**	**2**
zero	potsi	piri
nolla	yksi	kaksi

3	**4**	**5**
tatu	ina	shanu
kolme	neljä	viisi

6	**7**	**8**
nhanhatu	nomwe	sere
kuusi	seitsemän	kahdeksan

9	**10**	**11**
pfumbamwe	gumi	gumi neimwe
yhdeksän	kymmenen	yksitoista

12
gumi nembiri

kaksitoista

13
gumi netatu

kolmetoista

14
gumi neina

neljätoista

15
gumi neshanu

viisitoista

16
gumi nenhanhatu

kuusitoista

17
gumi nenomwe

seitsemäntoista

18
gumi nesere

kahdeksantoista

19
gumi nepfumbamwe

yhdeksäntoista

20
makumi maviri

kaksikymmentä

100
zana

sata

1.000
chiuru

tuhat

1.000.000
miriyoni

miljoona

Chirungu

englanti

Chirungu chekuAmerica

amerikanenglanti

Mandarin yekuChina

mandariinikiina

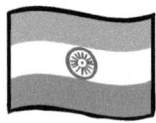

ChiHindi

hindi

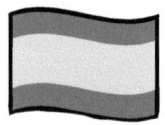

ChiSpanish

espanja

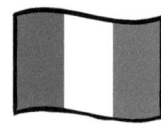

ChiFrench

ranska

ChiArabic

arabia

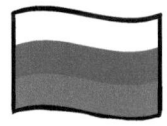

ChiRussian

venäjä

ChiPortuguese

portugali

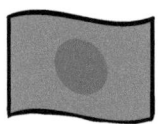

ChiBengali

bengali

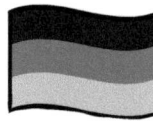

ChiGerman

saksa

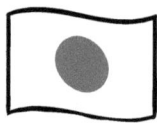

ChiJapanese

japani

ini
....
minä

iwe / imi
....
sinä

iye
....
hän

isu
....
me

imi
....
te

ivo
....
he

ani?
....
kuka?

chii?
....
mitä / mikä?

sei?
....
miten?

kupi?
....
missä?

riini?
....
milloin?

zita
....
nimi

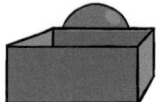

seri

takana

mukati

sisällä

pamberi

edessä

nepamusoro

yläpuolella

pamusoro

päällä

pasi

alapuolella

divi

vieressä

pakati

välissä

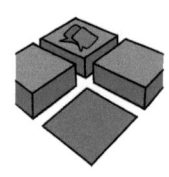

nzvimbo

paikka